천만 번의 프러포즈

여호와께서 말씀하시되 오라 우리가 서로
변론하자 너희 죄가 주홍 같을지라도
눈과 같이 희어질 것이요 진홍같이 붉을지라도
양털같이 희게 되리라(사1:18)

입법자와 재판관은 오직 한 분이시니
능히 구원하기도 하시며 멸하기도 하시느니라
너는 누구이기에 이웃을 판단하느냐(약4:12)

목 차

프롤로그 - 나를 부르신 주의 목소리 ·· 7

1부 도전하는 삶이 아름답다

1장 도전이란? ·· 15
2장 나에게만 주어진 도전 ·· 20
3장 사람들에게 도전은 왜 필요한가? ·· 25
- 자기 혁신 7계명 ··· 25
- 위의 내용을 행동으로 옮겨라!(단 한 가지라도) ················· 25
- 목표를 완성하기 위한 굳센 결심 ··································· 26
- 인간의 최고 행복 ·· 26
- 무소유(無所有)가 아닌 "참소유(眞所有)" ························· 27
- 바다로 간 나무꾼 ·· 28

4장 조직관리자의 도전은?(테마가 있는 조직관리) ························ 29
- 이상적인 지도자 ··· 29
- 선택과 집중 ··· 30
- 정(情)관리 : 마음(忄)을 푸르게(靑)하라(단풍들지 않게) ····· 31
- 업무관리측면 ··· 32
- 여성조직 ·· 32

2부 세일즈 불가능은 없다

1장 세일즈란? ·· 37
2장 나에게 세일즈는? ··· 39
3장 사람들에게 세일즈는 왜 필요한가? ····································· 42
4장 세상에서 가장 거룩한 세일즈는? ·· 46

3부 인생의 후회 없는 삶은?

1장 성도님의 후회 없는 삶? ···································· 55
- 소금에서 얻는 지혜 ·· 58
- 으뜸과 섬김의 축복 ·· 59
- 인생의 모든 선택 ·· 60
- 덕(德)을 세우는 방법 ·· 62
- 고생(고난), 그 자체를 수용하라! ······························ 64
- 축복은 인내의 선물(보험 세일즈할 때의 일화) ········ 67

2장 그대들의 길(그대는 목적지가 있는가?) ············ 74
- 젊은 실버세대여, 속지마라! ······································· 74
- 사랑에도 연습이 필요하다 ··· 76
- 목표와 최선(보험 세일즈할 때의 일화) ····················· 79
- 나의 경쟁상대는 남이 아닌 바로 "내 자신"이다. ······ 84
- 나의 적(敵)은 어디에? ··· 85

3장 우리(너와 나)의 길 ··· 87
- 용기 ··· 87
- 행복 ··· 89
- 십일조 ··· 91
- 늦깎이 인생의 축복 ·· 94
- 미술가 리버맨(미국의 샤갈)과 미국의 조지 도슨(인생은 아름다워) ···· 96

4장 믿음과 불신의 구별되는 삶 ································ 99
- 부자와 천국(하나님의 뜻이 머무는 곳) ···················· 100
- 불치하문(不恥下問) ··· 103
- 선택 ··· 105
- 주님의 쓰임 ·· 106
- 시련 ··· 110

5장 믿는 자의 인내하는 삶 ······································ 114
- 믿음과 인내 ·· 114
- 꿈의 크기만큼 성장한다 ··· 117
- 나는 누구인가? ·· 120
- 기도 ··· 126
- 증오(憎惡) ··· 131

4부 진리를 섬기는 믿음의 길

1장 진리는 곧 유일하신 삼위일체 하나님이시다 ·············· 146
- 하나님 말씀은 진리 ··· 146
- 예수 그리스도는 진리의 실체 ··· 147
- 성령은 진리(하나님의 섭리 실행과 구원확증) ················· 151

2장 우상숭배의 허상 ··· 155
- 우상숭배 ·· 155
- 우상 ·· 157
- 참신(神)과 거짓 신의 구별 ··· 158

3장 믿음을 가진 자의 세상사는 지혜 ································· 160
- 복 있는 사람 ·· 160
- 화평 ·· 164
- 말(言) ·· 167
- 행(行動) ·· 170

4장 하나님의 사람 ··· 174
- 믿음의 선한 싸움을 싸우라 ·· 174
- 영생을 취하라 ·· 179
- 불가능 ·· 183
- 여호와의 사상 ·· 184
- 감사로 제사를 드리는 자
  (하나님께 받은 은혜에 찬양으로 예배드리는 자) ·········· 185

에필로그 - 내가 주를 찬미하오니 ·· 191

프롤로그

나를 부르신
주의 목소리

드르륵, 바퀴 소리가 들렸다. 사위는 겨울날 싸락눈 내리는 소리처럼 적막했다. 간호사의 옷자락이 보였다. 눈이 시리도록 하얗게 펄럭이는 옷자락! 눈을 감았다. 점점 커지는 바퀴 소리가 짐승처럼 나를 덮칠 것 같았다. 두 눈을 더 꼭 감았다. 감은 눈에서 눈물이 흘렀다.
'내가 다시 살아나올 수 있을까?'
입이 타들어갔다. 흘러내리 눈물도 어느새 말라붙을 무렵, 소금기가 입안에서 짜디짜게 본색을 드러낼 때 눈을 떴다. 어디에도 햇살 한움큼 보이지 않았다. 오직 바퀴소리만 나를 끌고 갈 뿐이었다. 수술실로 가는 복도는 적막했다. 아내는 황소처럼 눈망울만 껌벅거렸다. 서로 무슨 말을 하랴! 한낱 인간의 언어로는 위안할 수도 위안 받을 수도 없었다. 아내를 위해 아무것도 할 수 없는 비통함에 나는 힘없이 시선을 돌렸다. 그때 한여름의 후끈한 열기가 들어왔다. 그러나 승강기의 문턱을 넘을 때 다리에 부딪혀 오는 금속의 카트가 주는 서늘한 느낌은 섬뜩하기조차 했다.
'또 여기를 들어가는가!'
젊은 날에 이미 두 차례나 캄캄한 죽음의 터널 속을 돌아나왔다. 아직도 그 기억이 생생한데 죽음은 또다시 나를 향해 손짓하고 있었다. 한 번 겪기도 버거운 고통을 세 번씩이나 당해야 하다니! 어머니의 얼굴이 떠올랐다. 그분 두 눈에 다시는 눈물 맺히게 하지 않겠다는 각오로 열심히 살아온 세월이었지만, 가슴에 무거운 바위를 올려놓고 말았다. 순한 눈매를 지닌 아내와 세 아이들의 해 맑은 얼굴들도 내 영혼을 스쳐간다.
'왜 이런 일이 생긴 걸까? 왜 나만 이런 일을 겪어야 하는 걸까? 도대체 어디서부터 잘못된 걸까? 나도 모르게 지은 죄들 많아서 그런 걸까?'
나의 의지와는 상관없이 생각들이 꼬리에 꼬리를 물고 이어졌다. 하지만 그 생각들은 나에게 어떤 해답도 주지 못했다. 죄를 지었다면 용서를 구하고 싶지만, 속죄의 대상도 모른 채 눈물만이 뺨을 타고 흘러내렸다. 수술실로 향하는 짧은 시간동안에 지금까지 살아온 내 인생이 주마등처럼 스쳤다.

'청산'이라는 법호를 받았다. 50평생을 원불교 교도로 살아왔기에 이순(耳順)을 앞두고 거저 얻은 훈장처럼 느껴졌다.

가난한 생활 속에서도 게거품을 물고 배움을 갈구했던 창백한 내 모습과 서울에서 행려처럼 살아온 수모와 비탄의 시간들이 모두 떠올랐다. 진정 피할 수 있었다면 피하고 싶었던 날들이었다.

청산은 내 삶 바로 그 자체였다. 찰나라는 시간조차 땀을 흘리며 살아낼 수밖에 없는 인생이었다. '법호'라는 것 자체도 나이를 먹으면서 주어지는 지위가 아닐까?

더 이상 강의를 하는 것이, 사람들 앞에 서는 것이 즐겁지 않았다. 그러나 사람들은 여전히 나를 향해 열정적인 박수를 보냈고 칭찬을 하며 기(氣)를 받고자 하여 한 번이라도 내 손을 잡아보고 싶어 했다. 하지만, 나는 사람들의 열의와 칭찬 너머 사람들의 다른 마음이 보였다. 마치 내 앞에 보이는 사람들의 모습과 내가 바라보는 그들의 내면이 마치 다른 것처럼 느껴졌다. 나도 모르게 마음이 흔들렸다. 혼자 있을 때에는 무의식 세계에 빠져들 때가 많았다. 말을 잃어갔다. 시간을 잃어갔다. 사람을 망각해 갔다. 삶의 의미를 잃어 가기 시작할 때에 우울증이 본색을 드러냈다. 생각이 나를 좀먹기 시작했다. 우울증은 숨통을 끊을 것같이 점점 세력을 확대해 갔다.

지방에 강의를 갔다가 돌아오는 차 안이었다. 목이 타들어 가는 갈증을 느껴 차 안의 물을 마셔도 갈증은 가시지 않았다. 무리하게 차를 돌려서라도 물을 마시고 싶었다. 사막한 가운데를 지나가는 나그네가 이런 심정이었을까! 주위를 둘러봐도 모래 언덕뿐, 나를 건져줄 생명수는 없었다. 차창을 열었다. 도시의 탁한 열기가 얼굴을 때렸다. 삭막한 도시에 생명수가 있을 리 없었다. 차창을 올렸다. 내 눈에 들어오는 무수한 네온사인들이 묘비처럼 서 있었다. 타는 목을 가라앉히기 위해 마른 침을 삼켰다. 두 눈 가득 빨간 십자가가 들어왔다. 평소에는 관심도 없던 것이었다. 십자가라니, 다시 눈을 감았다가 떠보니, 묘비처럼 서있는 네온사인들 사이에서 유독 빛나는 십자가! 나도 모르게 십자가를 세기 시작했다.

목적지를 망각한 채 차 안에서 눈을 감고 있었다. '뜨거운 한 낮에 물을 길러 나온 수가성 사마리아 여인처럼, 내가 눈을 떴을 때 그토록 갈망하던 생명수를 찾았다. (내가 주는 물을 마시는 자는 영원히 목마르지 아니하리니 내가 주는 물은 그 속에서 영생하도록 솟아나는 샘물이 되리라. 여자가 이르되 주여 그런 물을 내게 주사 목마르지 않고 또 여기 물 길으러 오지도 않게 하옵소서〈요4:14-15〉)'. "총신" 간판이 크고 뚜렷하게 눈에 들왔다. 차를 세우고 거침없이 학교로 들어갔다.

학교 담당자를 만난 나는 솔직하게 고백했다.

"여태까지 교회라는 곳은 가본 적도 없습니다. 믿음도 없습니다. 하지만 꼭 성경을 알고 싶습니다. 아니 신학을 배우고 싶습니다."

나의 간절함에 탄복했는지 허락해 주셨다. 아니, 주님이 그분의 마음을 열어주셨다. 그날 이후 나는 '신학'이라는 공부를 하기 시작했다. 참 재미있었다. 성경을 읽다가 보면 어느새 저녁이었고, 또 아침이 밝아 왔다. 공부라면 나름대로 자신이 있었기에 성경공부 또한 체계적으로 정리할 수가 있었다.

"말씀이 양식"이 되어 살다 보니, 어느 새에 우울증은 흔적도 없이 사라져 버렸다. 할렐루야!

공부에만 매진하다보니, 몸을 돌보는 일에 소홀 했었나보다. 계속 피로가 밀려오고, 목도 자주 잠겼다. 대수롭지 않게 생각하고 동네병원에 가보았다. 그곳 의사의 결론은 "빨리 큰 병원에 가서 검사를 받아 보라"는 것이었다. 이게 무슨 소리인가 싶어 다른 이비인후과에 갔다. 나이가 지긋한 의사는 성대 결절도 없고 피곤하면 이런 증상이 올 수가 있다면서 이 삼일 약 드시고 쉬시면 된다며 3일 간의 처방전을 주셨다. 그러면 그렇지! 마음에 안도하면서도 첫 번째 의원의 의사 말이 거슬려서 다시 찾아가서 다른 병원의 상황을 전했더니, 다시 확인하고는 '내 말이 확실하거든요?' 그래서 다시 두 번째 찾았던 의원에 가서 자초지종을 설명했더니 다시 진단을 해보더니, 자기가 잘못 본 것 같다며

소견서를 써 주시면서 대학병원에 가셔서 검사를 받아 보라는 것이었다.

결과는 "편도암 4기" 담당 주치의는 '열어봐야 알겠지만, 이 정도면 전이가 심할 것입니다. 열어봐서 가능성이 없으면 그냥 닫겠습니다.' 장장 22시간의 대 수술이었다. 목 전체가 흉측하게 찢겨지고, 양쪽 귀 뒤에 연결된 호스에서는 붉은 피가 환자복 양주머니 속의 플라스틱 병을 채우고 있었다. 나는 축 늘어진 채 중환자실로 옮겨졌고 이틀 동안 의식을 찾지 못하고 생사의 길목을 넘나들었다. 마취에서 깨어날 무렵! 그때였다. 누군가가 내 앞에 서 있었다. 눈앞에 흰 눈보다 더 하얀 옷을 입은 분! 너무 눈이 부셔서 똑바로 바라보려 해도 바라볼 수 없었다. 눈부시게 밝고 투명한 빛! 빛 속에서 음성이 들렸다.

"이제 네 본업을 할 때가 되었느니라!"

"본업이라니요?" "네가 정녕 나와 함께 하겠느냐?"

"네!"

깨끗한 대답이었다. 한 치의 망설임도 없이 생각보다 먼저 대답이 터져 나왔다. 그분이 가만히 나를 바라보았다. 나도 그분을 바라보았다. 아니, 내가 보는 것은 빛이요, 생명이요, 길이었다! 뜨거운 눈물이 흘렀다.

"네! 주님, 제가 당신을 따르겠나이다."

환한 빛 한 줄기가 온 몸에 전율을 일으키며 스쳤다.

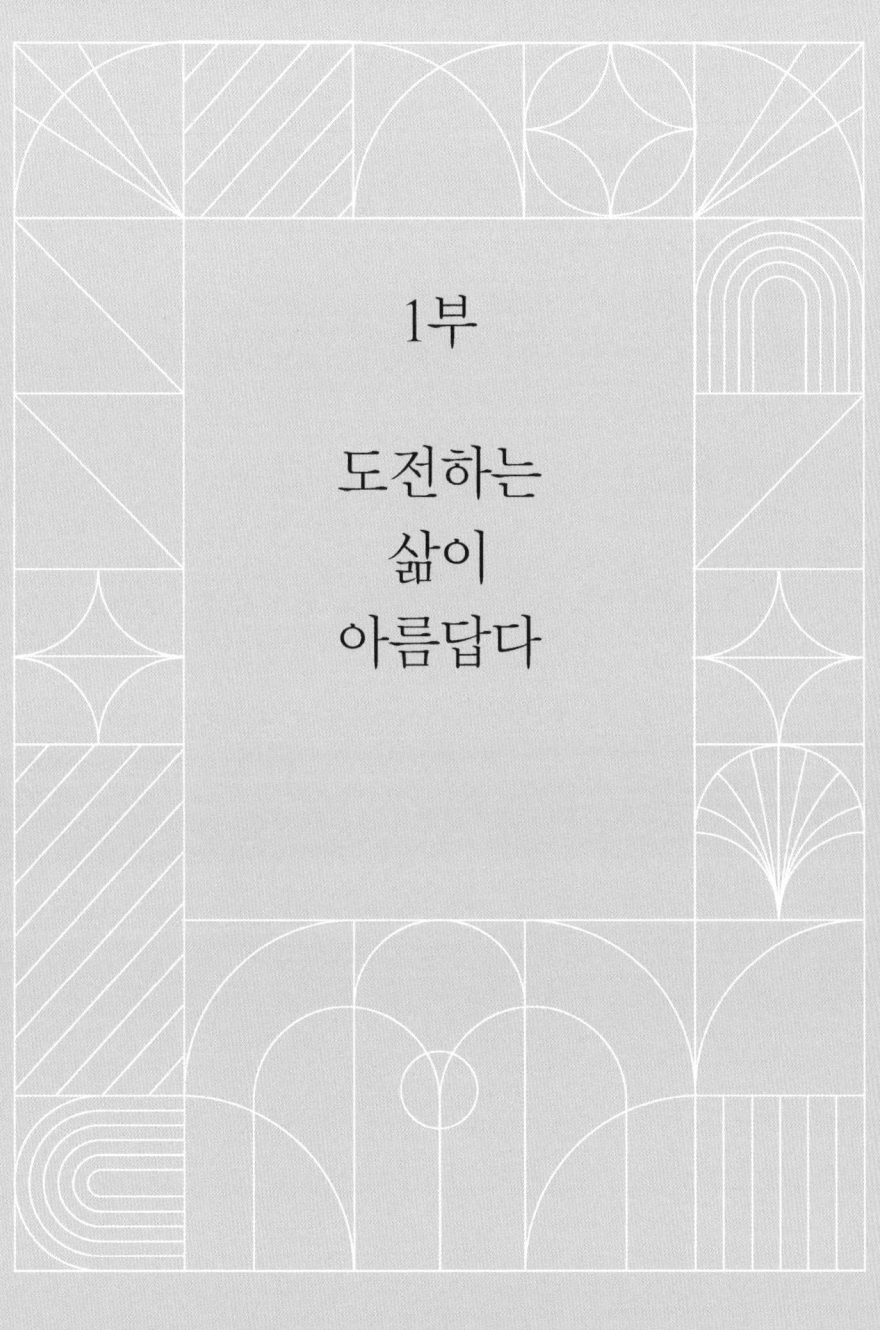

1부

도전하는
삶이
아름답다

1장 도전이란?

타고난 본성을 핑계로 현실에 안주하지 않고 새로운 목표를 설정해서 달성해 가는 과정이다. 한 예를 들어보자.
닭의 원종은 적색야계(붉은 야생 닭)이다. 이 닭은 본래 열대 우림에서 서식한다. 이런 닭이 가축화되어 사람의 사육을 받으면서 그 강한 날개가 쓰임의 본질을 잃어간다. 결국 편안한 안주와 넉넉한 먹이의 공급에 자신의 본성과 삶의 방향을 망각한 것이다. 닭은 그렇다고 치더라도 인간으로 태어나서 우리가 먹고 살기 위해서만 이 땅에 온 것은 분명 아니다. 그렇다면 우리가 왜 왔는가는 알고 살아야 하지 않은가? 도전은 바로 그 이유를 알고 그것을 이루기 위해서 자신이 세상과의 투쟁에서 승리를 거두는 것이다. 비록 승리하지 못하더라도 값진 싸움이었다면, 자신이 얻은 노하우를 후진에게 넘겨주면 된다.
호박벌은 몸길이가 2.5cm밖에 되지 않지만, 꿀을 모으기 위해 하루 200km 이상을 쉼 없이 날아다니는 신기한 곤충이라고 한다. 사실, 호박벌은 신체 구조적으로는 날 수 없는 조건을 가졌다지만, 호박벌은 자신이 날 수 있는지 없는

지는 자신은 모르겠고 오직 꿀을 따야만 한다는 한 생각이 날 수 있게 만든 것이 아닌가 싶다. 결론은 "해야 하기 때문에 '할 수 있다." 사회라는 바다를 향해 인생이라는 배를 타고 노를 저어 가다가 보면 수많은 난관을 접하게 되겠지만, "해야만 하기 때문에" 조건의 유무와는 상관없이 현실에 안주하지 않고 더 높은 목표를 세우고 그 목표를 죽기를 각오하고 이루겠다는 의지로 돌출하는 난제를 해결해 가면서 그 목표를 달성해 가는 과정을 "도전"이라고 할 것이다. 오프라 윈프리는 "도전이란 자신을 변화시키고 세상을 변화 시키는 기회를 가져오는 것"이라 정의한다. 결론은 자신의 잠재력을 개발하여 세상에 '나'라는 존재감을 알리는 것이다. 이 '도전'이라는 말이 나올 때면 가끔씩 회자되는 말이 있다. 바로 '금 수저와 흙 수저'이다. 금 수저는 힘을 덜 드리고도 성공을 하는데, 흙 수저는 사력을 다해도 답이 없더라는 것이다. 여러분 중에서도 이 말에 공감하시나요? 물론 그렇게도 생각하실 수도 있으실 것입니다. 그러나 그 굴레에서 진정 벗어나실 수가 없으시다면, 그 굴레에서 한 생각을 바꾸세요! 이 세상에는 금 수저와 흙 수저뿐만 아니라 "은수저와 스테인리스수저"도 있잖아요? 금 수저와 스테인리스 수저의 사용 용도가 다르잖아요. 전쟁터에서 불리하다면 병기를 바꾸든지 아니면 자신에게 유리한 장소로 옮기세요. 변명거리를 찾지 말고 자신만의 담대함을 가지고 도전 하세요. '생각하고 행동하는 것은 매일 전쟁터에 나갔을 때와 같이하고 마음은 늘 다리를 건널 때'와 같이 조심하여야 하느니라(손 사막). 저 독일의 철학자 니체(1844-1900)는 말했다. "미래를 구축하는 자만이 과거를 심판할 권리"가 있다고! 목표를 향하여 자신을 태우다가 처참한 종말을 고하더라도, 목표 없이 늙고 병들어 계단에서 떨어져 죽는 것보다 낫다는 말이 있다. '인간은 숫자(나이) 만큼 늙는 것이 아니라 생각만큼 늙는다!' '젊은이와 늙은이의 차이점도 "미래(꿈)의 유무에 있다"고 한다. 다시 말해서 '미래(꿈)가 있는 한 당신은 젊다.' 세상을 살아가는 사람들 중에는 '신(神)을 섬기며 사는 사람들'과 '신(神)이 없다고 생각하며 사는 사람들'이 있다. 그들의 시작은 별 차이가 없어 보이지만, "무신자(無神者)"의 말로는 가히 상상할 수 없는 날들이 기다린다는 사실을 기억했으면 하는 것이 경험자들의 말이다. '그것은 설명할 수 있는 것이 아니요 다만, 죽어봐야 알 일이다' "의심하지 말고 믿어라." '도전의 열매는 믿음 안에서 실패하는 습관대신 기록갱신을 완수'하는 것이다. 다시 말해서 '유능한 선장은 폭풍우 속에서 만들어지고, 오크나무는 태풍이 올 때 뿌리를 더욱 튼튼히 내리고, 인생은 고난을 겪으면서 강해지고 역경에서 지혜를 배운다.' 타고난 능력도 중요하지만, 노력으로 얻은 결실의 열매(도전으로 깨닫는 지혜)로 세상은 아름답게 피어나고 있었다. 그래서 사무엘 베케트는 "도전 했는가. 그러다 실패했는가. 괜찮다. 다시 도전하라. 다시 실패하라. 더 나은 실패를 하라"라고 권유한다. 목표와 기간을 설정하고 그 분야 가장 최고의 지혜와 지식을 구해서 쉬지 말고 미쳐라! 승자의 인생노트에는 항상 좋은 습관의 결정체가 새겨져 있었다. 내 힘으로 일궈냈다 생각한 성공은 오만과 허상이었다. '네가 마음에 이르기를 내 능력과 내 손의 힘으로 내가 이 재물을 얻었다 말할 것이라. 네 하나님 여호와를 기억하라 그가 네게 재물을 얻을 능력을 주셨음이라.'(신명기 8:17-18)

※ 성공 했는가? 흥분하지 마라! 그대가 내릴 마지막 종점은 "빈손"일 것이다. 그가 모태에서 벌거벗고 나왔은즉 그가 나온 대로 돌아가고 수고하여 얻은 것을 아무것도 자기 손에 가지고 가지 못하리니(전5:15) 그가 죽음에 가져가는 것이 없고 그의 영광이 그를 따라 내려가지 못함이로다.(시49:17)

※ 실패 했는가? 포기하지 마라! 그대를 기다리는 것은 "성공"일 것이다.(낙심하지 말지니 포기하지 아니하면 때가 이르매 거두리라.〈갈6:9〉) 왜? 인간이 "북극성"에 머물지 못하고, 돌고 도는 지구에 있기 때문이다.

▸ 교만은 패망의 선봉이요 거만한 마음은 넘어짐의 앞잡이니라 겸손한 자와 함께 하여 마음을 낮추는 것이 교만한 자와 함께 하여 탈취물을 나누는 것보다 나으니라.(잠16:18-19)

▸ 각각 자기의 일을 살피라 그리하면 자랑할 것이 자기에게는 있어도 남에게는 있지 아니하리니(갈6:4) 스스로 속이지 말라.(갈6:7) 영원히 나올 수 없는 자신이 만든 감옥이다.

2장 나에게만 주어진 도전

'도전'이라는 말속에서 전진하려면 '장애물을 넘든지 치우든지 돌아가야 한다. 그러나 목발을 짚은 나에게는 모두가 다 아픔이었다. 살기 위해서 취직자리를 찾아 나섰지만, 세상엔 나를 받아줄 곳이 없었다. 아니 장애인에 대한 세상의 '편견의 벽'이 너무 높았는지도 모른다. 이것이 내가 가야 할 '운명의 길'이라면 결코 물러서고 싶지 않았다. 아니 피가 터지도록 싸우다가 죽고 싶었는지도 모른다. 그래서 많은 사람들이 어렵다고 돌아서는 보험 세일즈에 도전장을 던졌다. 어쩌면 그곳밖에 받아 줄 곳이 없었는지도 모른다. 그렇게 시작한 보험 세일즈에 목숨을 걸었던 분골쇄신의 시간이 흘러 '3년쯤' 되었을까? "업계의 정상"에 섰다는 통보를 받았다. 그 순간! 지나간 세월에 참았던 눈물보가 터졌는지 눈물이 폭포수처럼 흘러내렸다. 그 후에 '내 가슴에 대 못'을 박았던 그 회사에 과장대리로 스카우트되어 고향에 영업소를 만들어주어서 입사 8년 만에 "영업소 8개를 분할하는 업계의 대기록"을 세웠다. 내가 관리자를 선택한 이유는 "10년에 부장, 15년에 사장"을 해야겠다는 "도전목표"

가 있었다. 그래서 회사 취업규칙을 보니, 영업소 1개 분할하면, 1호봉이 오르고 영업소 실적이 전체의 영업소 중에 3등 안에 들면, 또 1호봉이 오르고, 매년 정규적으로 1호봉이 오름으로 매년 3호봉씩이 오른다면 족히 꿈을 이룰 수 있을 것 같았다. 목숨을 걸고 뛴 결과 늦게 입사 했지만, 남보다 빨리 차장 승진을 할 수 있었다. 그 후 차장에서 지점장 발령을 앞두고, '대표이사가 바뀌면서' 내 앞길에 먹구름이 드리웠다. 생명보험회사에서 오신 사장은 '사람의 외모'를 중히 여겼다. '지점장은 한 지역에서 회사를 대표하는 자리'인데, "장애인"을 지점장으로 보낼 수 있는가? 물론 여성 중심으로 운영되는 생명보험에서 오랫동안 근무했던 사장의 입장을 모르는 것은 아니지만, 손해보험은 생명보험과는 특성이 다르다는 것을 그것도 손해보험의 "대기록"을 가진 사람인 줄을 뻔히 알면서도 '교육'이나 할 것을 주장했다. 혹시나 마음에 변화가 있을까 해서 1년을 교육에 올인 했지만, 헛수고였다. '옛 말에 절이 싫으면 중이 떠나라고' 했던가! 고민 끝에 사직을 결심했다. 1년을 마무리하던 날! 사직서를 써가지고 일찍 서울의 본사에 도착해 사장님을 만나서 지점장 발령을 부탁드렸지만, 교육이나 더 열심히 하라는 답변에 사직서를 제출하고 그 동안 감사했다는 인사를 남기고 돌아 서는 기분은 참 허탈했다.(내게 운명처럼 주어진 이 장애를 어찌하란 말인가?) 고향 익산으로 내려오려고 택시를 탔는데, 그 앞에 "제일화재"라는 간판이 보여 택시에서 내렸다. 문구점에 들어가 이력서를 작성해 가지고 제일화재에 들어가 "생면부지의 회장님을 만나" 내 사정을 말씀드리고 이력서를 드리고 돌아왔다. 그 후 이틀 만에 나를 고용하시겠다는 연락을 받았다. (한 참 후에 알았지만 그분은 외국에서 교육을 받으셔서 그런지 "장애인에 대한 편견"이 전혀 없으셨다.) 이력서 한 장을 믿으시고 몇 억을 투자하여 전라북도 익산에 지점을 만들어 주셨다. 세상이 각박하다고 하지만 이런 일도 있었다. 이 지면을 통해서나마 진심으로 감사를 드린다. 지점을 오픈 한 후에 2개월 만에 전국 24개 지점 중에 3위를 했다. 그 후 3개월이 지나면서 전라북도를 총괄하는 전주지점장 발령을 받았다. 전주지점을 맡은 후 얼마지 않은 때부터 24개 지점 중에서 전국 1위를 놓쳐 본 적이 없다. 나와 "한마음 한뜻"으로 뭉친 우리 영업가족들의 '도전정신' 결과물이다. 전주지점 재임 26개월 동안 1위를 고수했다. 어느 날, 회장님께서 서울에 있는 최하위의 지점을 맡아서 일으켜 줄 수 있겠냐는 제안을 하셔서, 서울에 집과 차만 주시면 가겠다는 했더니, 나의 제안을 받아주셔서, 서울에 올라와 하위 지점을 5개월 만에 또 전국 1위 지점으로 등극시키는 쾌거를 이룰 수 있었다. 내가 서울에 와서 지점장 취임사에서 "나는 책상에 앉아서 펜을 굴리던 사람이 아닌 영업의 전쟁터에서 피와 땀과 눈물을 흘리며 고지를 탈환해 왔던 야전사령관으로 여러분이 뿌린 씨앗의 열매가 익지 않는다면, "해를 그려서"라도 익도록 만들 것입니다 "실패"도 마셔보았고 "성공"이라는 열매도 먹어 보았습니다. 그러나 "포기"라는 단어는 영원히 내 생에 없을 것입니다 '저와 함께 "성공의 열차"에 탑승해 주시지 않으시겠습니까? '예!' "감사합니다" 이렇게 성공의 열차를 출발시켰던 것입니다, 제가 서울에 와서 시작한 영업 전략은 "첫째, '십자가 전법'입니다. 자동차보험 하나만 가입한 고객은 진정으로 내 고객이 아니다. 최소한 운전자보험, 상해보험, 화재보험, 적금 등 4가지 이상을 가입한 사람이 나의 '참 고객'이다. 둘째, 에어리어 마케팅입니다. 내가 사는 곳 아니 내 영업소가 있는 곳을 집중적으로 공략하여 나의 것으로 소유한다. 식사도 그 곳에서 하고 시간이 되는대로 그 지역을 순회하며 지역 사람과 정(情)을 관리를 한다. 셋째, 하루를 이틀로 쓰자. 오전에 못 만난 사람은 16시에 지점에 들어와 1시간 교육을 받아 판매기법과 정신 무장을 하고, 바로 집으로 가지 말고 영업소에서 준비한 사발 면이나 컵라면을 먹고 다시 영업현장으로 나간다." ※ 내가 가장 강조했던 것은 싸우면 지지 말라! 오늘 졌다면 "이기는 그 날까지 싸우라!는 것"이였습니다. ※ 이렇게 돌진하여 '5개월 만에 전국 1위'에 등극할 수 있었습니다. 지금 생각해 봐도 저는 참 "복 많은 사람"입니다. 그 후

본부장으로 승진하여 영업의 극치를 맛보았고, 본사에 교육부장으로 들어가서 시간의 여유를 가지고 내 인생의 발자취를 정리한 것이 "바다로 간 나무꾼과 백만 번의 프러포즈"로 일간지와 TV의 매체를 타고 소개되면서 대기업과 중소기업체의 강의가 쇄도하면서 '10년 동안 6천여 기업체'를 섭렵하는 "명강사"로의 축복을 누릴 수가 있었습니다.

오직 이 책을 기록하는 것은 '내가 기업체를 중심으로 강의를 했기 때문에 많은 분들이 들으실 기회가 거의 없으셨기 때문에 세상을 향하여 "도전장"을 내시는 분들에게 조금이라도 도움이 되셨으면 하는 간절한 마음'으로 정리해 보았습니다.

그래서 3장에서는 내가 '도전의 전도사'가 되어 강의했던 "핵심"을 중심으로, 4장은 '조직 관리의 필수 조건'들을 정리해 보았습니다.

3장 사람들에게 도전은 왜 필요한가?

※ 미래의 자기를 창조하는 시간이며 투자이다.
※ 미래는 예측하는 것이 아니라, 쟁취하는 것

● **자기 혁신 7계명**
   1. 자기만의 장점을 살려라(지금 일하는 방법이 최선 아님)
   2. 인생은 전략이 필요하다(3년간의 성공지도를 만들어라)
   3. 한 달 중에 나의 날을 만들어라(그날은 과거를 버려라)
   4. 하루의 10%는 미래를 위하여 투자하라(목표를 향해)
   5. 잃어버린 꿈에 불을 붙여라(자신을 찾아내라)
   6. 영원한 직장은 없다(주인 정신으로 전문가가 되라)
   7. 자신만의 브랜드를 만들어라(최고의 보상을 받으리라)

● **위의 내용을 행동으로 옮겨라!(단 한 가지라도)**
※ KFC의 창업자인 커넬 샌더스는 65세에 '닭 튀김비법(레시피)을 1008번의 거절을 당하고, 1009번째의 성공으로 세계적인 기업을 완성할 수 있었다. 또 55세에 '코카콜라'를 만든 존 펨버턴! 그들의 인생을 보면 20~30대에만 청춘이

있는 것이 아니고 "청춘은 목표를 향한 굳센 도전의 열정을 태우는 시기"에 있다는 생각이 든다.

● 목표를 완성하기 위한 굳센 결심
　① 고정관념을 파괴하라
　② 상식을 차별화해라.
　③ 비 본능적인 삶에 익숙해져라.
　④ 인생의 답은 "지금, 바로, 여기"에서 행함에 있다.
그렇다면 왜? 우리는 이렇게 힘겨운 도전을 해야 하는 것일까요? 그 답은 '행복한 삶'을 살고자 하는 것입니다.

● 인간의 최고 행복
'자신과의 싸움에서 승리하는 것'이다. 대부분의 사람들이 "사랑받는 것"이 최고의 행복이라고 말하지만, 그 사랑은 바로 "내게 시작과 끝"이 있습니다. 사랑을 받고 행복을 유지하는 방법은 "너는 이것을 알라 말세에 고통하는 때가 이르러 사람들이 자기를 사랑하며 돈을 사랑하며 자랑하며 교만하며 비방하며 부모를 거역하며 감사하지 아니하며 거룩하지 아니하며 무정하며 원통함을 풀지 아니하며 모함하며 절제하지 못하며 사나우며 선한 것을 좋아하지 아니하며 배신하며 조급하며 자만하며 쾌락을 사랑하기를 하나님 사랑하는 것보다 더하며 경건의 모양은 있으나 경건의 능력은 부인하니 이 같은 자들에게서 네가 돌아서라(딤후 3:1-5)" '곧 네 마음의 눈의 유혹'에서 벗어나는 것이다. "눈은 보아도 족함이 없고" 귀는 들어도 가득 차지 아니하도다.(전1:8) 지혜 자는 그의 눈이 그의 머릿속에 있고 우매 자는 어둠속에 다니지만 그들 모두가 당하는 일이 모두 같으리라는 것을 나도 깨달아 알았도다(전2:14) "사랑과 행복에도 유효기간"이 있다. 때를 놓치지 마라!

로마제국의 철학자 아우구스티우스는 시간을 두 가지로 나누었다

① 물리적인 시간(크로노스) : 이미 지나간 과거에서 현재, 그리고 미래로 흘러가는 시간.

② 마음의 시간(카이로스) : 우리가 기억하고 소망하는 과거와 미래의 특별한 시간.

우리 인생사의 행복은 마음의 시간 관리에 있다. 여기서 가장 중요한 것은 '쉼표'가 있는 삶이 아닌가 싶다.

● 무소유(無所有)가 아닌 "참소유(眞所有)"

즉 '보이지 않는 것'의 소유, 예를 들면, 믿음, 소망, 사랑, 우정, 은혜, 감사, 행복, 축복 등을 소유하는 것이다. "우리가 주목하는 것은 보이는 것이 아니요 보이지 않는 것이니 보이는 것은 잠깐이요 보이지 않는 것은 영원함"이라(고후 4:18)

※ 공기(산소)는 소유하는 것이 아닌 하나님의 선물이다. 우리 가운데 역사하시는 능력대로 우리가 구하거나 생각하는 모든 것에 더 넘치도록 능히 하실 이에게(엡3:20)

● 바다로 간 나무꾼

아직도 선녀의 비밀을 지닌 사슴을 찾아 헤매고 계십니까? 아니면 하늘에서 두레박이 내려오길 기다리고 계십니까? 세상이 변했습니다. 인생의 바다로 나가십시오. 당신이 선택할 유일한 길은 오직 "목표를 향한 도전"뿐입니다. 파도가 두려워서 추억의 강가를 서성이고 계십니까? 어차피 한 번은 왔다가 가는 인생입니다. 여기 파도에 몸을 던져 "미래를 건진 지팡이 짚은 나무꾼"이 푸른 파도 저 멀리에서 당신을 향해 손짓하고 있습니다. 망설이지 마십시오. '지금이 바로 당신 차례'입니다.

※ 끝없는 도전에는 "포기"가 없다.(셀 배추가 없다.)

4장 조직관리자의 도전은?(테마가 있는 조직관리)

4장에서 드리는 교훈들
- 이상적인 지도자
- 선택과 집중
- 정(情) 관리
- 업무관리 측면
- 여성조직

※ 조직의 잠재력을 깨워 공유하라.

※ 자신보다 타인을 섬기는 자세가 습관으로 굳어진 사람이 진정한 관리자다. 다시 말하면 "명 관리자는 '미운 놈 꼴'을 잘 보는 사람"이다.

※ '용장'보다는 '지장'을 '지장'보다는 "덕장"이다.

※ 또 지금시대는 '관리자' 보다는 "지도자"를 필요로 한다.

● 이상적인 지도자

모범을 보이는 지도자, 신뢰와 존경을 받는 지도자, 용기와 강인함을 갖춘 지도자, 조직을 위해 희생적인 지도자, 사랑과 긍휼을 행동으로 실행하는 지도자이다. 자녀들아 우리가 말과 혀로만 사랑하지 말고 행함과 진실함으로 하자(요일3:18) 존귀한 자는 존귀한 일을 계획하나니 그는 항상 존귀한 일에 서리라.(이사야32:8)

● 선택과 집중

모든 일의 성공은 여기에 있다.(적재적소에 인재 고용과 관리)

1. 자신을 먼저 연구하라(장점과 단점 그리고 먼저 할 일과 나중할 일을 구별하고 즉시 실행하라. * 초심을 3년은 지켜라). ▶ 작은 성공에 흥분하지 마라.
2. 고객을 연구하라 ●내부고객과 외부고객● (모든 업무는 고객으로 시작해서 고객으로 마무리하라)
3. 회의는 어떤 회의든지 책임자부터 모든 참여자가 회의를 하는 이유가 확실해야 한다.(미리 과제를 줘라)
4. 상품연구 : 판매기법, 마케팅전략(동종과 이종까지 안테나를 높이 뽑아라. ※빵의 경쟁상대는 다른 회사 빵 뿐만 아니라, "주식과 간식" 모든 것(라면, 떡, 호두과자, 호떡, 닭 강정, 국수 등 한두 가지가 아니다.)
5. 조직을 사랑하는 데도 공부가 필요하다.

※ 네가 내 눈에 보배롭고 존귀하며 내가 너를 사랑하였은즉(이사야43:4)

지식, 인격, 덕망, 지혜, 관심과 배려.(직원의 부모와 그의 가족들의 생일도 기억하라)

- 정(情)관리 : 마음(↑)을 푸르게(靑)하라(단풍들지 않게)

※ 칭찬하라 (자신을 소유해본 사람만이 자신을 줄 수 있다.)

　① 대담하게 칭찬하라.

　② 반복칭찬

　③ 부분칭찬

　④ 비교칭찬

　⑤ 간접칭찬

※ 칭찬은 돈을 들이지 않는 투자이다.

※ 약속은 꼭 지켜라.(농담으로 한 약속이라도 상대가 진실로 믿고 있었으면, 더욱 그렇다)

※ 후진 앞에서 상사 혹은 타인의 험담을 하지마라.(언젠가는 되돌아온다.)

※ 주석에서 먼저 흐트러지지 마라(영원히 기억으로 남는다.)

※ 부하직원의 말을 끝까지 경청하라(말 잘하는 것은 2년이면 족하다, 그러나 잘 듣는 것은 10년을 공부해도 부족하다) *인내심을 가지고 메모하며 들어라*

※ 비전을 줘라 그리고 공유하라. 온전한 사람을 살피고 정직한 자를 볼지어다. 모든 화평한 자의 미래는 평안이로다. (시37:37)

● 업무관리측면

1. 미래를 보는 선견을 갖춰라. 내일을 읽지 못하는 리더는 공동의 적이다 '존귀하나 깨닫지 못하는 사람은 멸망하는 짐승 같도다.'(시49:20)
2. 목표를 과감하게 설정해 공유하라(머리와 몸이 일체토록)
3. 업무에 전문가가 돼라(맥가이버의 칼 : 지속적인 학습필수)
4. 성공한 모델을 만들어라(홍보효과 : 제2, 제3의 승리자 양성)
5. 공금에 초연하라(족쇄가 될 수 있다 : 공(公),사(私)금 분리
6. 업무적으로는 만인에게 공평하라(공적을 도적질 하지마라)
7. 항상 최고에 도전하라 (사고의 틀과 차원을 높여라)
※ 최고를 향하는 사람에게는 동반자가 필요하기에 사람을 아끼게 되고 좋은 인재가 머물게 된다.(장거리 마라톤)

● 여성조직

1. 여성의 가장 큰 특성은 "놀라운 기억력" : 별것을 다 기억해! (하버드 의대 연구팀에 따르면 '여자와 남자의 기억력'은 105 : 100)
2. 수평적 사고 : 명령적, 권위적인 것에 익숙하지 않음.
3. 과제 : '목표 지향적'이 아닌 '관계 지향적임' 무슨 일이 생기면 털어 놓고자 하고, 참견하고자 함.
4. 여성은 상상의 귀재 : 일(업무)에 대한 지적도 개인적인 인격에 대한 지적이라 확대. 추측해서 고민하며,

칭찬에도 대단히 민감하게 반응을 한다.
5. 자신의 기억력을 믿고, 말하지 않아도 충분히 의사표시를 했다고 생각하며, 알아서 해 주지 않으면 '무시당했다고 생각함.'
6. 여자는 옳다고 믿으면 바꾸지 않고, 한번 틀어지면 좀처럼 돌아서지 않는다.
7. 가장 큰 특성은 "큰 실수는 용서해도 작은 모욕"은 절대로 용납하지 않는 다는 사실입니다.

상기의 기록들은 영업소장으로 영업소 8개를 분할하며, 업계의 기록을 세웠고, 지점장과 본부장을 역임하면서 최고를 유지할 수 있었던 기억들을 정리해 본 내용입니다.

※ 자신의 "잠재능력"을 과소평가해서는 안 된다. 전성기의 자신을 보는 것이 필요하다. 비록 '인생의 대부분을 실패'했다 하더라도, '최후에는 반드시 성공할 수 있다는 확신'을 갖는 것이 중요하다. "성공의 길"이 평탄하지 않은 것은 사실이지만, 그렇다고 암담한 가시밭길 또한 아닌 것이다. 모두가 그 길을 걸어갔고 "자신도 그 대열"에 끼여 있다고 생각하고 행동하는 것이, 바로 성공으로 가는 길이다. 누구나 자기 속에서 잠자고 있는 "위대한 능력의 보물창고"가 있다. "솔로몬 동굴 속 보물"은 약과다.

자신의 능력을 개발하기 위해서는 "자신 스스로 값어치 있는 인간"이라는 '깨달음'이 중요하다. 내가 나를 인정하지 않는다면 누가 나를 알아주겠는가? 다이아몬드도 몰라보는 사람에게는 유리조각이나 마찬가지다. '확신을 가지고 자신을 연마하라.' 자신을 갈고 닦으며, 끊임없는 노력을 기울일 때 비로소 광채가 난다. '단 한번뿐인 인생, 연장전이 없는 인생!' 최선을 다해 후회 없는 삶을 찬미 하자! "된다는 확신과 해내고 말겠다는 굳은 결심"이 '성공적인 인생! 흑자인생'을 만드는 길이다. "도전"의 새로운 이름은 "인내와 연단"이다.

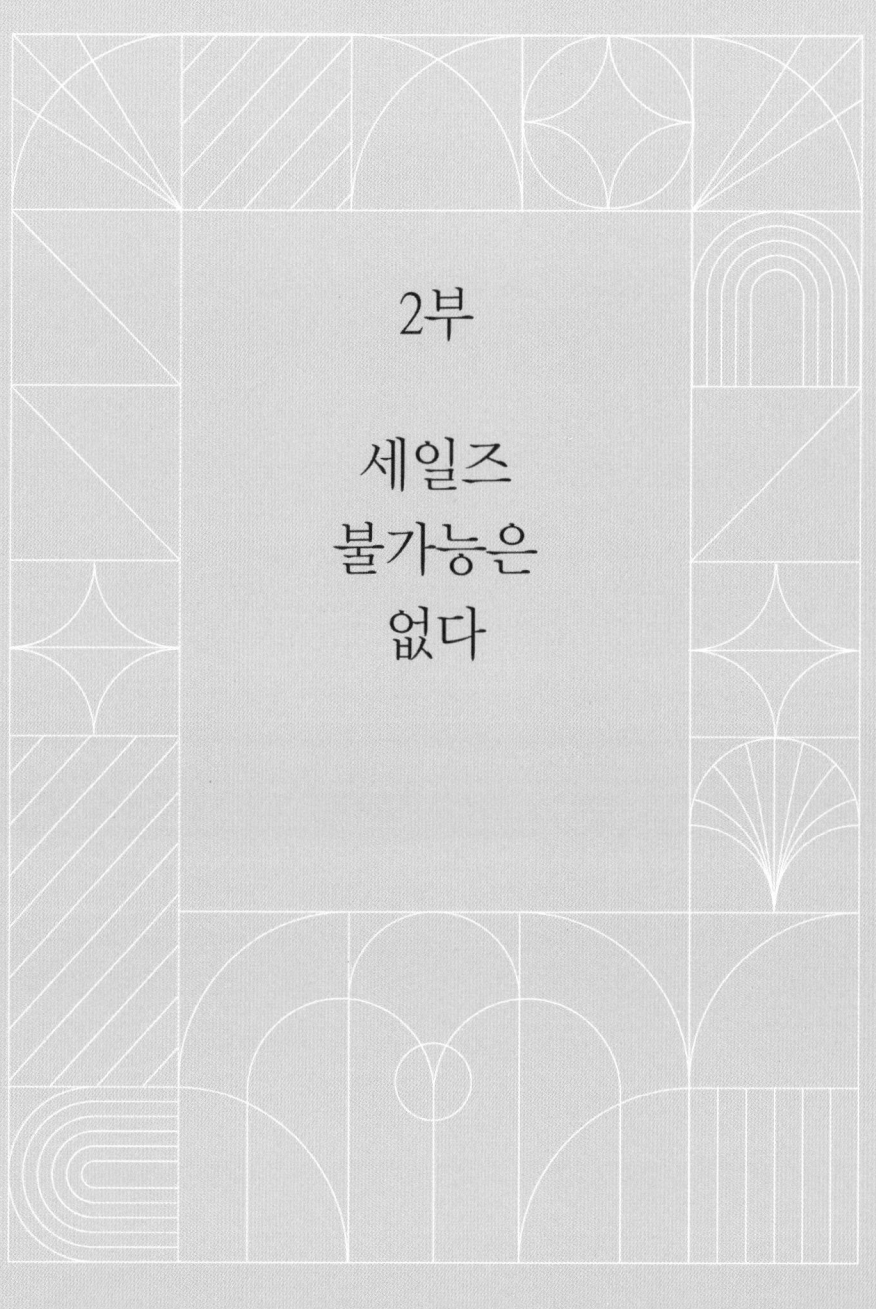

2부

세일즈
불가능은
없다

1장 세일즈란?

우리 사회에는 여러 계층에 종사하는 많은 사람들이 있다. 물건을 사고파는 장사도 이러한 계층 속에서 거래를 하며 자신의 부를 축적하여 간다. 이러한 세일즈를 우리는 너무 쉽게 해 나가고 있다. 초등학교 학생에게 물건의 가격을 알려주고 사러 오는 사람에게 정한가격을 받고 팔라고 한다면 그 일을 못해낼 학생이 어디 있겠는가? 엽총을 갖고 싶어 하는 에스키모인들에게 엽총을 판매하는 것은 쉬운 일이다. 또한 양산을 가지고 싶어 하는 여인들에게 양산을 판매하는 것도 역시 어려운 일은 아니다. 그러나 이런 것들은 세일즈가 아니다. 다만 주고받는 행위에 불과할 뿐이다. '세일즈는 어떤 물건을 필요로 하지 않는 사람에게 판매하는 것이 세일즈이다.' 더욱 "뛰어난 세일즈는 자신이 갖고 있지 않은 물건을 필요로 하지 않는 사람에게 판매하는 것"이다. 예를 들면 에스키모인 들에게 얼음을 만드는 제빙기나 냉장고를 판매하는 것이며, 돌같이 단단한 발을 가진 아프리카인들에게 신발을 판매하는 것이 바로 세일즈의 기술이다. 그리고 최후에는 그 물건을 구입한 사람들을 진정으로 만족하게 해 주는 것이다. 이토록 세일즈는 냉엄한 것이다. 또한 우리는 냉엄함에 길들여져야 한다. "보험 세일즈맨으로 성공한 사람은 모든 일에 성공할 수 있다."는 말이 있다. 이 말은 보험 세일즈의 일이 힘들다는 이유도 있겠지만, 힘들다는 것은 바로 세일즈의 진수를 보험세일즈에서 느낄 수 있기 때문이다. 우리가 판매하는 보험 상품은 '사 가는 상품이 아니라 판매하는 상품'이기 때문이다. 즉, "가장 뛰어난 세일즈맨은 자신이 갖고 있지 않은 물건을 필요로 하지 않은 사람에게 필요하게끔 설득하여 판매"하는 것이다. 우리는 '확신'을 가져야 한다. 그리고 이러한 "창조정신"이야말로 '세일즈맨이 가져야할 신념'인 것이며, "진정한 세일즈맨은 무(無)에서 유(有)를 창조하는 사람"이다.

2장 나에게 세일즈는?

첫째, 108번을 입사에 실패하면서, 세상이 나를 보는 눈을 확실하게 확인할 수 있었다. (힘으로 하는 업무가 아닌데도, 세상은 지팡이 짚은 나를 자격조차 없다고 쫓아냈다.) 나에게는 능력을 보여줄 기회조차 주질 않았다.

케이스가 깨졌다고 속의 물건인 금이 쇠가 되는 것도 아닌데……. 둘째, 변명 아닌 변명을 할 기회조차 허락하지 않았다. 셋째, 면접관이 내 면전에서 원서를 찢어 손으로 비벼 바닥에 던지며, 여기가 장난하는 곳인 줄 아느냐고 호통치는 인간이하의 대접을 받기도 했다. 바닥에 버려진 내 원서를 주워들고 서서 "송 부장님! 만일 부장님 자제가 저와 같이 이렇게 서있다면, 그렇게 하실 수 있으십니까? 저도 본래 이러지는 않았습니다. 멀쩡한 사람들은 다 장애인의 후보생들입니다. 오늘은 '제가 면접자격도 없이 쫓겨나지만, 부장님은 3년 이내에 저를 모시러 오지 않으면 안 되실 것입니다." 이 한 맺힌 한마디 말을 남기고, 그 회사를 나온 후에 보험대리점 자격증을 따서 '사업자등록증'을 내서 보험영업을 시작했다. 세상이 나의 능력을 보여 줄 기회조차 주질 않는다면, 내가 보여줄 수밖에 없지 않은가?

한 발로 자전거를 타고 100여리를 질주하며 '하루에 내 명함 50장을 남의 명함 50장으로 바꾸고, 보험가입 5건을 성사' 시킨다는 야무진 포부를 안고 시작했지만, 결코 쉽지 않았다. 그 때마다 찢겨져 바닥에 나뒹굴던 원서를 꺼내 보면서 약해져가는 내 마음을 다잡았다. 지팡이에 짓눌린 겨드랑이의 상처는 쓰려왔고 한계를 호소하는 왼쪽 다리는 쥐가 나서 자전거 페달을 밟을 수가 없었다. 면도칼로 발가락 한 부분을 찔러 피를 내면서 나도 모르게 눈물이 흘렀다. 이런 눈물을 '한탄의 낙수 물'이라 했던가? 그러나 나는 그 눈물을 사랑해야만 했다.

언제부터가 '거절은 고객의 입장에서 보면 당연한 것'이고, 세 번의 거절은 '행복'이요, 네 번의 거절은 '행운'이라는 넉넉함으로 고객에게 접근하기 시작했다. 다섯 번 거절을 당하면 이제 열 번 거절 중에서 다섯 번 남았다는 확신을 가지고 고객을 찾아갔다. '참된 세일즈는 먼저 자신에게 상품을 파는 것이고, 물건에 대한 확신이 선다면, 그 후엔 상대방의 마음 밭에 나를 심고 가꾸는 것'이다. 그리고 '서두르지 마라! 거두는 시기'가 있다. 빠른 것도 있고, 늦은 것도 있다. 2년 반쯤 되었을까! 보험에 가입할 사람들이 밀려드는데, 영수증 쓰기에도 바빴다. 나에 대한 믿음과 평가가 고객들의 입에서 입으로 전파되고 있었다. '말 그대로 "조용모 보험"이 대 풍년'이 들고 있었다. 세일즈라는 직업을 택한 이상 "된다는 확신과 이루고 말겠다는 굳은 결심이 끈기와 조화를 이룰 때"가 "최고의 결실"을 만든다. 3년이 되면서부터 영업의 진수를 맛보았고, 나를 무시하고 응시할 자격조차 주지 않았던 그 회사에서 스카우트 제의를 받아서 "영업 관리자로 입사하여, 입사 6년 만에 업계의 대기록(영업소 8개 분할)을 달성"하였다. '장애인'이라는 이유 하나로 처절하게 버림받았던 한 인간이 가슴에 박힌 대못을 뽑기 위하여 피 눈물을 흘리면서 세일즈에 도전하여 오직 "할 수 있다는 굳은 결심과 된다는 확신"으로 낯선 영역에서 존재감을 드러낼 수 있었던 고난의 시간이었다. 고귀한 것은 결코 쉽게 얻어지는 것이 아니었다. [인내는 연단을 연단은 소망을 이루는 줄 앎이로다.(롬5:4)] 목숨을 걸고 영업에 매진했던 그 시절에 사람들의 가지각색 감정변화를 공부할 수 있었던 좋은 계기가 되었고, 그것이 조직관리에 큰 도움이 되었다. 결론적으로 말하면 저에게 '보험세일즈는 세상의 이치와 제 자신을 깨닫게 해준 큰 스승'이었다.

※ 눈물을 흘리며 씨를 뿌리는 자는 기쁨으로 거두리라 울며 씨를 뿌리러 나가는 자는 반드시 기쁨으로 그 곡식 단을 가지고 돌아오리로다.(시126:5-6)

▶ 땀을 흘려라! 눈물을 흘려라! 그래도 안 되면 피를 흘려라!

3장 사람들에게 세일즈는 왜 필요한가?

사람이 세상을 살아가는 동안에 많은 사람들과 경쟁을 하고 때론 협력을 하면서 살아간다. 자녀가 부모님과 학생이 선생님과 회사직원이 상급자에게 인정을 받는 것도 세일즈를 잘한 결과다. 곧 자신이라는 인격이 (잘 팔렸다) 인정받았다는 것이다. 남과 여 사이에서도 서로에게 세일즈를 잘하면 좋은 결과를 낳는다. 그렇다면 세일즈를 잘하기 위해서는 무엇이 필요할까? 상품을 포장하여 시장에 납품하듯이 공통조건은 과일의 청결과 반질한 빛깔처럼 사람도 항상 얼굴에 밝은 빛을 내는 "미소"가 머물러야 한다.[마음의 즐거움은 얼굴을 빛나게 하여도 마음의 근심은 심령을 상하게 하느니라.(잠언15:13)] 미소는 '세계 공통어'가 아닌가? 또한 "미소"는 자신감을 만들고, 기쁨을 잉태한다. 길가에 핀 꽃 한 송이가 지친 길손에게 위로가 되듯이, 나의 미소가 우리의 평안으로 변하기도 한다. 그러므로 "몸에는 향기, 눈에는 총기, 얼굴에는 화기, 마음에는 열기, 행동에는 용기, 어려울 땐 끈기, 자존심이 상할 땐 오기"를 품고 지혜롭게 남과 다른 자신만의 인격을 만들려면,

첫째, 남과 차별화된 자신만의 삶을 스토리텔링 하라.

둘째, 무엇이든지 자기가 최고였던 일을 기억하여 스토리의 중심으로 삼아라.(여기서 조심해야할 것은 건방(잘난 체)을 떨지 마라)

셋째, 최고로 가는 길에 겪어야 했던 고통과 시련을 리얼하게 접목시켜라.

넷째, 결과물의 가치와 확실한 이슈를 남겨라.

다섯째. 마무리하면서 "핵심주제"를 재강조하며, 오늘의 결과물은 "끝없는 도전의 산물임"을 연상시켜라.

(※ 인간은 스스로 습관을 만들고, 그 습관에 구속을 받는 "습관의 결정체"이다.)

"감사하는 것과 불평하는 것"도 습관이다. '작은 것에 감사하는 자는 삶이 축복'이요. 매사에 '불평하는 자는 한 평생이 지옥'이다.

"인생이란 소설의 작가이자 주인공은 바로! 여러분 자신"입니다. 인생의 마침표가 찍히기 전까지 "물음표와 느낌표와 쉼표"를 자신만의 의지대로 배열하면서 '여러분만의 대 서사시를 기록하라.' 한번 죽는 것은 사람에게 정해진 것이요 그 후에는 심판이 있으리니(히9:27) 아침과 저녁 사이에 부스러져 가루가 되며 영원히 사라지되 기억하는 자가 없으리라(욥기서4:20) '준비하는 시간은 낭비하는 것이 아니며',

'승리는 준비하는 자에게 찾아온다.' 사람들은 이것을 "행운"이라고 말하며, '패배'는 준비하지 않는 자에게 찾아가며 사람들은 이것을 "불운"이라고 부른다. "자포자기는 '영원한 실패'이고 멸망"일 뿐이다. 여러분의 '마음속 시력'은 몇 인가요? 또 마음속에 그려 보았던 과거와 미래의 풍경은 어떤 모습 인가요?(열심히 그리시며, 또 차질 없이 진행되고 있으신가요?) 남보다 뛰어나게 그리려 하지 말고, "남과 다르게 그리세요!" 남과 차별화된 세일즈만이 승리할 수 있습니다. 그러나 저는 세일즈를 오직 승리만을 위하여 또는 자신의 존재감을 과시하기 위하여 하라 말하고 싶지는 않습니다. 파는 사람도 사는 사람도 모두가 승리하는 "완전한 거래"를 말씀드리는 것입니다. 나의 부족함을 상대방에게서 채우고, 내가 가진 것을 상대방에게 주는 바로 그런 세일즈 말입니다. 한 장의 도화지에 집을 잘 그리는 사람이 집을, 나무를 잘 그리는 사람은 나무를, 꽃과 새를 잘 그리는 사람은 꽃과 새를, 마지막으로 그곳에 살 사람이 마무리를 하는 "우리라는 공동체"가 그 풍경을 항상 기쁨으로 바라볼 수 있는 '승자와 패자가 없는' 모두가 승리자인 그런 세일즈를 말하는 것입니다. 제가 "세일즈 불가능이 없다"고 한 말씀 중에는 "상부상조"라는 말이 내포되어 있습니다. 사가는 사람이 없는데, '불가능이 없다'는 말이 가능하겠습니까? 내가 세운 목표를 채우는데, 분명히 협력자가 있다는 확신을 가지고 그 대상을 찾아 "포기하지 않는 열정"과 "내가 팔고 있는 물건에 대한 신뢰가 존재"하는 한 이 세상 어딘가에는 나를 기다리는 예비고객은 반드시 존재할 것이기에 "세일즈 불가능은 없다"는 말을 자신 있게 외치는 것입니다.

가장 뛰어난 세일즈맨은 자신이 갖고 있지 않은 상품을 필요로 하지 않는 사람에게 필요하게끔 설득하여 판매하고 그 구입자가 만족하여 다른 고객을 소개하게끔 하는 것이며, 이러한 "창조정신"은 세일즈맨이 가져야할 "신념"인 것이다.

보리밭에 밀이 나면 그것을 '잡초' 취급을 한다. 그러나 이 '세상에는 잡초란 없다.' 다만 그 풀의 용도를 모르기 때문에 그렇게 부른다. 사람도 공사장에서 특별한 전문 기술이 없는 사람을 '잡부'라고 부른다. 세일즈세상에서는 더욱더 그렇다 남과 차별화된 스킬(기술)을 연마하지 않는 한 '내일은 존재하지 않는다.' 다만 그곳을 떠나야할 핑계를 찾을 시간이 주어질 뿐이다.

4장 세상에서 가장 거룩한 세일즈는?

※ 이 세상에서 가장 강한 사람 : 싸울 상대가 없는 사람
  (즉 용서와 사랑으로 무장한 믿음의 사람)

- 누가 누구에게 불만이 있거든 서로 용납하여 피차 용서하되 주께서 너희를 용서하신 것같이 너희도 그리하고 이 모든 것 위에 사랑을 더하라 이는 온전하게 매는 띠니라(골3:13-14)
- 서로 친절하게 하며 불쌍히 여기며 서로 용서하기를 하나님이 그리스도 안에서 너희를 용서하심과 같이 하라 (엡4:32)
- 사랑의 종류를 보편적으로(① 아가페, ② 에로스, ③ 스트로게, ④ 필리아) 4가지를 말한다.
  ① 아가페 : 신(神)의 사랑 : 인간에 대한 하나님의 사랑.
  ② 에로스 : 이성의 사랑 : 남녀 간의 육체적인 사랑.
  ③ 스트로게(플라토닉 사랑, 부모의 사랑):정신적인 순수한 사랑.
  ④ 필리아 : 친구 간의 우정 등이 있다.

그러나 이 지면에서는 ※ 기독교인들이 꼭 깨우쳐야할 "아가페사랑"에 관해서만 말하려고 한다. '인류를 구원하기 위하여 하나님이 자기 독생자를 세상에 보내신 사랑' 곧 "절대적인 사랑"을 말한다.

※ 우리가 아직 죄인 되었을 때에 그리스도께서 우리를 위하여 죽으심으로 하나님께서 우리에 대한 자기의 사랑을 확증하셨느니라.(로마서5:8) 하나님이 세상을 이처럼 사랑하사 독생자를 주셨으니 이는 그를 믿는 자마다 멸망하지 않고 영생을 얻게 하려 하심이라.(요한복음3:16) 인자가 온 것은 섬김을 받으려 함이 아니라 도리어 섬기려 하고 자기 목숨을 많은 사람의 대속물로 주려 함이니라.(마태복음20:28, 마가복음10:45) 이로 말미암아 그는 새 언약의 중보자시니 이는 첫 언약 때에 범한 죄에서 속량하려고 죽으사 부르심을 입은 자로 하여금 영원한 기업의 약속을 얻게 하려 하심이라.(히브리서9:15) 사랑하는 자들아 우리가 서로 사랑하자 사랑은 하나님께 속한 것이니 사랑하는 자마다 하나님으로부터 나서 하나님을 알고 사랑하지 아니하는 자는 하나님을 알지 못하나니 이는 하나님은 사랑이심이라 하나님의 사랑이 우리에게 이렇게 나타난바 되었으니 하나님이 자기 독생자를 세상에 보내심은 그로 말미암아 우리를 살리려 하심이라 사랑은 여기 있으니 우리가 하나님을 사랑

한 것이 아니요 하나님이 우리를 사랑하사 우리 죄를 속하기 위하여 화목 제물로 그 아들을 보내셨음이라 사랑하는 자들아 하나님이 이같이 우리를 사랑하셨은즉 우리도 서로 사랑하는 것이 마땅하도다. 어느 때나 하나님을 본 사람이 없으되 만일 우리가 서로 사랑하면 하나님이 우리 안에 거하시고 그의 사랑이 우리 안에 온전히 이루어지느니라. 그의 성령을 우리에게 주시므로 우리가 그 안에 거하고 그가 우리 안에 거하시는 줄을 아느니라. 아버지가 아들을 세상에 구주로 보내신 것을 우리가 보았고 또 증언하노니 누구든지 예수를 하나님의 아들이라 시인하면 하나님이 그의 안에 거하시고 그도 하나님 안에 거하느니라.

하나님이 우리를 사랑하시는 사랑을 우리가 알고 믿었노니 하나님은 사랑이시라 사랑 안에 거하는 자는 하나님 안에 거하고 하나님도 그의 안에 거하시느니라. 이로써 사랑이 우리에게 온전히 이루어진 것은 우리로 심판 날에 담대함을 가지게 하려 함이니 주께서 그러하심과 같이 우리도 이 세상에서 그러하니라. 사랑 안에 두려움이 없고 온전한 사랑이 두려움을 내쫓나니 두려움에는 형벌이 있음이라 두려워하는 자는 사랑 안에서 온전히 이루지 못하였느니라. 우리가 사랑함은 그가 먼저 우리를 사랑하셨음이니라 누구든지 하나님을 사랑하노라 하고 그 형제를 미워하면 이는 거짓말하는 자니 보는 바 그 형제를 사랑하지 아니하는 자는 보지 못하는바 하나님을 사랑할 수 없느니라. 우리가 이 계명을 주께 받았나니 하나님을 사랑하는 자는 또한 그 형제를 사랑할 지니라(요일4:7-21) 자녀들아 우리가 말과 혀로만 사랑하지 말고 행함과 진실함으로 하자(요일3:18)

1. 내가 사람의 방언과 천사의 말을 할지라도 사랑이 없으면 소리 나는 구리와 울리는 꽹과리가 되고
2. 내가 예언하는 능력이 있어 모든 비밀과 모든 지식을 알고 또 산을 옮길 만한 모든 믿음이 있을지라도 사랑이 없으면 내가 아무 것도 아니요
3. 내가 내게 있는 모든 것으로 구제하고 또 내 몸을 불사르게 내줄지라도 사랑이 없으면 내게 아무 유익이 없느니라.
4. 사랑은 오래 참고 사랑은 온유하며 시기하지 아니하며 사랑은 자랑하지 아니하며 교만하지 아니하며
5. 무례히 행하지 아니하며 자기의 유익을 구하지 아니하며 성내지 아니하며 악한 것을 생각하지 아니하며
6. 불의를 기뻐하지 아니하며 진리와 함께 기뻐하고
7. 모든 것을 참으며 모든 것을 믿으며 모든 것을 바라며 모든 것을 견디느니라.
8. 사랑은 언제까지나 떨어지지 아니하되 예언도 폐하고 방언도 그치고 지식도 폐하리라
9. 우리는 부분적으로 알고 부분적으로 예언하니

10. 온전한 것이 올 때에는 부분적으로 하던 것이 폐하리라
11. 내가 어렸을 때에는 말하는 것이 어린 아이와 같고 깨닫는 것이 어린 아이와 같고 생각하는 것이 어린 아이와 같다가 장성한 사람이 되어서는 어린 아이의 일을 버렸노라
12. 우리가 지금은 거울로 보는 것같이 희미하나 그 때에는 얼굴과 얼굴을 대하여 볼 것이요 지금은 내가 부분적으로 아나 그때에는 주께서 나를 아신 것같이 내가 온전히 알리라
13. 그런즉 믿음, 소망, 사랑, 이 세 가지는 항상 있을 것인데 그 중의 제일은 사랑이라(고전13:1-13)

무엇보다도 뜨겁게 서로 사랑할지니 사랑은 허다한 죄를 덮느니라(벧전4:8) 너희 모든 일을 사랑으로 행하라(고전16:14) ※사랑의 속성에는 "섬김과 배려 그리고 인내와 기다림"의 철학이 내포되어 있다.

※※ "하나님의 뜻"은 항상 기뻐하라 쉬지 말고 기도하라 범사에 감사하라 이것이 그리스도 예수 안에서 너희를 향하신 하나님의 뜻이니라.(살전5:16-18) 또 너희의 "거룩함"이라 음란을 버리고(살전4:3), 그 후에 말씀하시기를 보시옵소서. 내가 "하나님의 뜻"을 행하러 왔나이다. 하셨으니 그 첫째

것을 폐하심은 둘째 것을 세우려 하심이라. 이 뜻을 따라 예수 그리스도의 몸을 단번에 드리심으로 말미암아 우리가 거룩함을 얻었노라(히10:9-10) 기록되었으되 "내가 거룩하니 너희도 거룩할지어다" 하셨느니라(벧전1:16) ※ 하나님의 세일즈는 "거룩함"이셨다 ※ 거룩한 삶 : 그들을 진리로 거룩하게 하옵소서. 아버지의 말씀은 진리니이다(요17:17) 또 그들을 위하여 내가 나를 거룩하게 하오니 이는 그들도 진리로 거룩함을 얻게 하려 함이니이다(요17:19) 이는 곧 물로 씻어 말씀으로 깨끗하게 하사 거룩하게 하시고(엡5:26) 누구든지 그의 말씀을 지키는 자는 하나님의 사랑이 참으로 그 속에서 온전하게 되었나니 이로써 우리가 그의 안에 있는 줄을 아노라(요일2:5) 여호와께서 열방의 목전에서 그의 거룩한 팔을 나타내셨으므로 땅 끝까지도 모두 우리 하나님의 구원을 보았도다.(사52:10) 의의 도를 안 후에 받은 거룩한 명령을 저버리는 것보다 알지 못하는 것이 도리어 그들에게 나으니라.(벧전2:21) 내가 거룩하니 너희도 몸을 '구별'하여 거룩하게 하고 땅에 기는 길짐승으로 말미암아 스스로 더럽히지 말라 나는 너희의 하나님이 되려고 너희를 애굽 땅에서 인도하여 낸 여호와라 내가 거룩하니 너희도 거룩할지어다.(레위기11:44-45)

※ 하나님의 거룩하신 세일즈는 파는 것이 아니라 "팔려지셨느니라, (오직 택함을 입은 자들에게만)" 보내심을 받지 아니하였으면 어찌 전파하리요 기록된바 아름답도다. 좋은 소식을 전하는 자들의 발이여 함과 같도다.(롬 10:15) 좋은 소식을 전하며 평화를 공포하며 복된 좋은 소식을 가져오며 구원을 공포하며 시온을 향하여 이르기를 네 하나님이 통치하신다. 하는 자의 산을 넘는 발이여 어찌 그리 아름다운가.(사52:7)

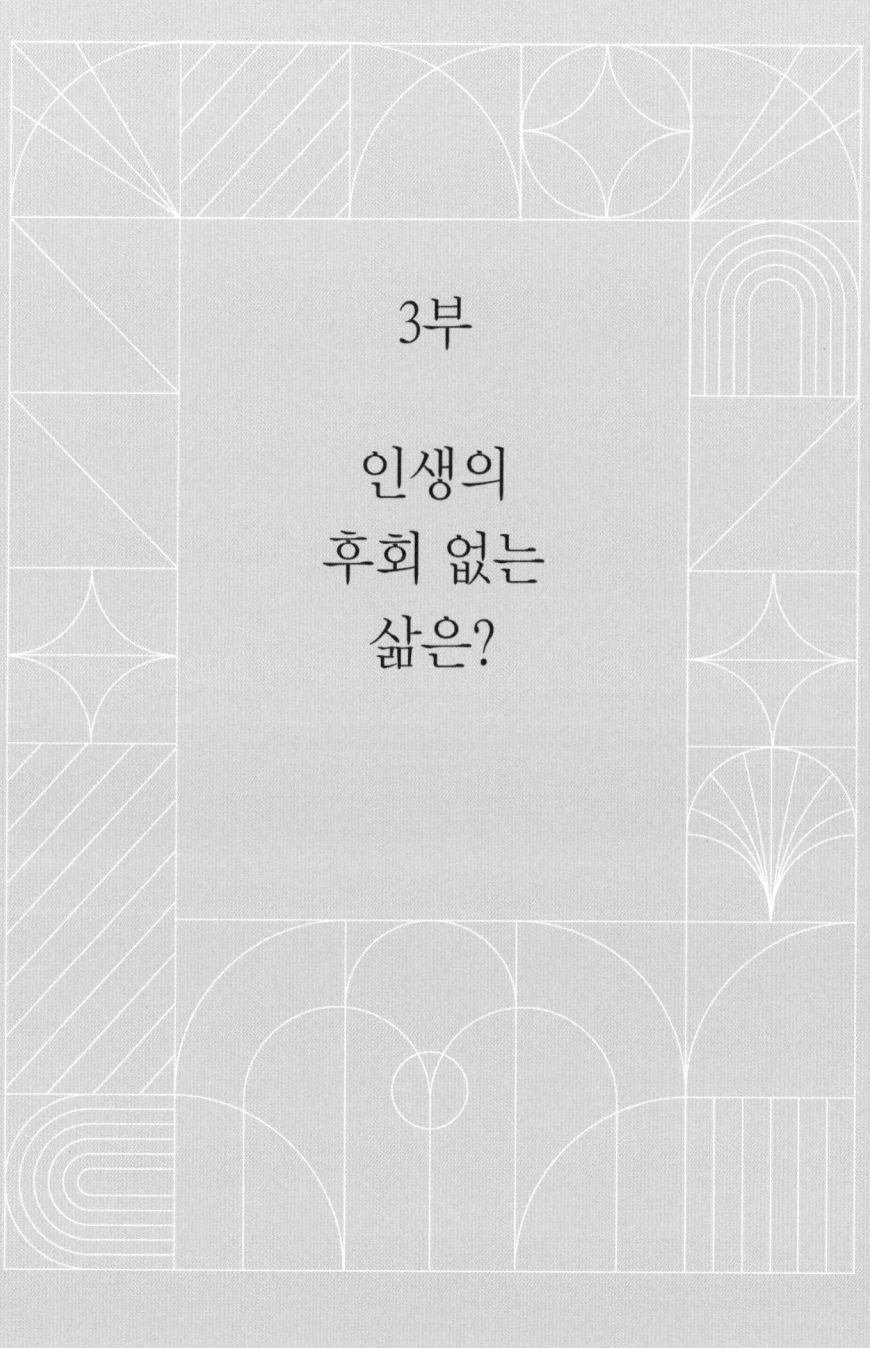

3부

인생의
후회 없는
삶은?

여호와께서 말씀하시되 오라 우리가 서로 변론하자 너희 죄가 주홍 같을지라도 눈과 같이 희어질 것이요 진홍같이 붉을지라도 양털같이 희게 되리라(사1:18) 그러므로 우리가 낙심하지 아니하노니 우리의 겉 사람은 낡아지나 우리의 속사람은 날로 새로워지도다. 우리가 잠시 받는 환난의 경한 것이 지극히 크고 영원한 영광의 중한 것을 우리에게 이루게 함이니 우리가 수복하는 것은 보이는 것이 아니요 보이지 않는 것이니 보이는 것은 잠깐이요 보이지 않는 것은 영원함이라(고후4:16-18)

1장 성도님의 후회 없는 삶은?

하나님의 뜻대로 하는 근심은 후회할 것이 없는 구원에 이르게 하는 회개를 이루는 것이요 세상 근심은 사망을 이루는 것이니라.(고후7:10) 너희 믿음의 확실함은 불로 연단하여도 없어질 금보다 더 귀하여 예수 그리스도께서 나타나실 때에 칭찬과 영광과 존귀를 얻게 할 것이니라.(벧전1:7) 하나님의 은사와 부르심에는 후회하심이 없느니라.(롬11:29) 그런즉 너희가 어떻게 행할지를 자세히 주의하여 지혜 없는 자같이 하지 말고 오직 지혜 있는 자같이 하여 세월을 아끼라 때가 악하니라. 그러므로 어리석은 자가 되지 말고 오직 주의 뜻이 무엇인가 이해하라 술에 취하지 말라 이는 방탕한 것이니 오직 성령으로 충만함을 받으라.(엡5:15-18) 너희가 음란과 정욕과 술취함과 방탕과 향락과 무법한 우상 숭배를 하여 이방인의 뜻을 따라 행한 것은 지나간 때로 족하도다.(벧전4:3) 아침과 저녁 사이에 부스러져 가루가 되며 영원히 사라지되 기억하는 자가 없으리라.(욥4:20) 진실로 각 사람은 그림자같이 다니고 헛된 일로 소란하며 재물을 쌓으나 누가 거둘는지는 알지 못하나이다. 주여 이제 내가 무엇을 바라리요 나의 소망은 주께 있나이다.(시39:6-7) 사람이 어찌 하나님보다 의롭겠느냐 사람이 어찌 그 창조하신 이보다 깨끗하겠느냐(욥4:17) 한번 죽는 것은 사람에게 정해진 것이요 그 후에는 심판이 있으리니 이와 같이 그리스도도 많은 사람의 죄를 담당하시려고 단번에 드리신 바 되셨고 구원에 이르게 하기 위하여 죄와 상관없이 자기를 바라는 자들에게 두 번째 나타나시리라(히9:27-28) '만일 그리스도 안에서 우리가 바라는 것이 다만 이 세상의 삶뿐이면 모든 사람 가운데 우리가 더욱 불쌍한 자이리라. 그러나 이제 그리스도께서 죽은 자 가운데서 다시 살아나사 잠자는 자들의 첫 열매가 되셨도다. 사망이 한 사람으로 말미암았으니 죽은 자의 부활도 한 사람으로 말미암는도다 아담 안에서 모든 사람이 죽은 것같이 그리스도 안에서 모든 사람이 삶을 얻으리라'(고전15:19-22) 선을 행하고 선한 사업을 많이 하고 나누어 주기를 좋아하며 너그러운 자가 되게 하라 이것이 장래에 자기를 위하여 좋은 터를 쌓아 참된 생명을 취하는 것이니라.(딤전6:18-19) 스스로 속이지 말라 하나님은 업신여김을 받지 아니하시나니 사람이 무엇으로 심든지 그대로 거두리라.(갈6:7)

※ '인생의 후회'를 크게 둘로 나누면
  1. 한 일에 대한 후회!
  2. 하지 않은 일에 대한 후회! 〈세월이 흐른 후에 이것도 할 것을, 저것도 할 것을! '것을, 것을' 하더라.〉

※ 하고 후회하는 것이 더 낫더라!〈큰 범죄 빼고〉

내 영혼아 네가 어찌하여 낙심하며 어찌하여 내 속에서 불안해 하는가? 너는 하나님께 소망을 두라 그가 나타나 도우심으로 말미암아 내 하나님을 여전히 찬송하리로다.(시 42:5) 낮에는 여호와께서 그의 인자하심을 베푸시고 밤에는 그의 찬송이 내게 있어 생명의 하나님께 기도하리로다(시 42:8) 오직 부르심을 받은 자들에게는 "그리스도"는 하나님의 '능력'이요 하나님의 '지혜'니라(고전1:24) 오직 하나님이 성령으로 이것을 우리에게 보이셨으니 성령은 모든 것 곧 하나님의 깊은 것까지도 통달하시느니라.(고전2:10)

1장에서 드리는 교훈들
- 소금에서 얻는 지혜
- 으뜸과 섬김의 축복
- 인생의 모든 선택
- 덕(德:큰 덕)을 세우는 방법
- 고생(고난) 그 자체를 수용하라!
- 축복은 인내의 선물(보험 세일즈할 때의 일화)

● 소금에서 얻는 지혜

성경에서 소금은 '언약의 영원성과 하나님의 사랑 그리고 불변성'의 상징이었다. '이스라엘 하나님 여호와께서 소금 언약으로 이스라엘 나라를 영원히 다윗과 그의 자손에게 주신 것을 너희가 알 것 아니냐(대하13:5) 그는 내 이름을 위하여 집을 건축할 것이요 나는 그의 나라 왕위를 영원히 견고하게 하리라(삼하7:13) 소금이 좋은 것이나 소금도 만일 그 맛을 잃으면 무엇으로 짜게 하리요(눅14:34) 소금은 자신을 녹여 음식의 참 맛을 선사 한다. 즉 주연을 위해 조연이 희생되는 것처럼 너희는 '세상의 소금'이니, 소금이 만일 그 맛을 잃으면 무엇으로 짜게 하리요 후에는 아무 쓸 데 없어 다만 밖에 버려져 사람에게 밟힐 뿐이니라.(마5:13) 너희 속에 소금을 두고 서로 화목하라 하시니라(막9:50) 세상의 부패를 막고 자신은 사라진다. 사람마다 '불로써 소금 치듯' 함을 받으리라.(막9:49) ① 불은 불순물을 태우고 ② 소금은 부패를 막는다. ※천국에 들어가기 전에 반드시 정화 단계를 거친다. 환난을 통해 죄인과 의인을 구별하여 지옥행을 막는다. 우리가 하나님의 나라에 들어가려면 많은 환난을 겪어야 할 것이라(행14:22) 이는 우리가 다 반드시 그리스도의 심판대 앞에 나타나게 되어 각각 선악 간에 그 몸으로 행한 것을 따라 받으려 함이라(고후5:10) 하나님은 모든 행위와 모든 은밀한 일을 선악 간에 심판하시리라(전12:14)

● 으뜸과 섬김의 축복

너희 중에 누구든지 으뜸이 되고자 하는 자는 모든 사람의 종이 되어야 하리라 인자가 온 것은 섬김을 받으려 함이 아니라 도리어 섬기려 하고 자기 목숨을 많은 사람의 대속물로 주려 함이니라.(막10:44-45)

그는 실로 우리의 질고를 지고 우리의 슬픔을 당하였거늘 우리는 생각하기를 그는 징벌을 받아 하나님께 맞으며 고난을 당한다 하였노라 그가 찔림은 우리의 허물 때문이요 그가 상함은 우리의 죄악 때문이라 그가 징계를 받음으로 우리는 평화를 누리고 그가 채찍에 맞으므로 우리는 나음을 받았도다. 우리는 다 양 같아서 그릇 행하여 각기 제 길로 갔거늘 여호와께선 우리 모두의 죄악을 그에게 담당시키셨도다.(사53:4-6) 그는 곤욕과 심문을 당하고 끌려갔으나 그 세대 중에 누가 생각하기를 그가 살아 있는 자들의 땅에서 끊어짐은 마땅히 형벌 받은 내 백성의 허물 때문이라 하였으리요.(사53:8) 내가 너희에게 말하노니 기록된바 그는 불법자의 동류로 여김을 받았다 한 말이 내게 이루어져야 하리니 내게 관한 일이 이루어져 감이니라.(눅22:37) 그 후에 말씀하시기를 보옵소서 내가 하나님의 뜻을 행하러 왔나이다. 하셨으니 그 첫째 것을 폐하심은 둘째 것을 세우려 하심이라 이 뜻을 따라 예수 그리스도 몸을 단번에 드리심으로 말미암아 우리가 거룩함을 얻었노라(히10:9-10)

그가 거룩하게 된 자들을 한 번의 제사로 영원히 온전하게 하셨느니라.(히10:14) 믿음의 주요 또 온전하게 하시는 이인 예수를 바라보자 그는 그 앞에 있는 기쁨을 위하여 십자가를 참으사 부끄러움을 개의치 아니하시더니 하나님 보좌 우편에 앉으셨느니라.(히12:2)

땅에서는 종의 역할, 하늘에 올라가서는 하나님의 아들 '으뜸과 섬김의 축복'은 섬김을 받기 위해서가 아니라 도리어 "섬기기 위해서 머리가 되라." 세상의 으뜸은 마지막(종착역)이다. 그리스도께서 우리를 위하여 저주를 받은바 되사 율법의 저주에서 우리를 속량하셨으니 기록된바 "나무에 달린 자마다 저주 아래 있는 자"라 하였음이라 이는 그리스도 예수 안에서 아브라함의 복이 이방인에게 미치게 하고 또 우리로 하여금 믿음으로 말미암아 "성령의 약속"을 받게 하려 함이라(갈3:13-14) 우리가 아직 죄인되었을 때에 그리스도께서 우리를 위하여 죽으심으로 하나님께서 우리에 대한 자기의 사랑을 확증하셨느니라.(롬5:8) 하나님이 세상을 이처럼 사랑하사 독생자를 주셨으니 이는 그를 믿는 자마다 멸망하지 않고 영생을 얻게 하려 하심이라.(요3:16)

● 인생의 모든 선택

네 마음의 소원대로 허락하시고 네 모든 계획을 이루어 주시기를 원하노라(시20:4) 너희가 기도할 때에 무엇이든지 믿고 구하는 것은 다 받으리라 하시니라(마21:22) 그러므로 내가 너희에게 말하노니 무엇이든지 기도하고 구하는 것은 받은 줄로 믿으라. 그리하면 너희에게 그대로 되리라.(막11:24) 너희가 내 안에 거하고 내 말이 너희 안에 거하면 무엇이든지 원하는 대로 구하라 그리하면 이루리라.(요15:7) 인생의 모든 것은 선택에 있다. 노벨 문학상 수상자였던 장 폴 사르트르는 "인생은 B와 D 사이 있는 C이다"라는 말을 남기었다. 곧 인생이란 Birth(출생)과 Death(죽음)사이의 Choice(선택)를 하며 살아간다는 것입니다 '부정'을 선택하면, 부정이 나타나고 '긍정'을 선택하면 '미래와 희망'이 찾아든다. 그런데 대부분의 사람들은 '어려운 상황에 처하면 부정적인 부분에 초점을 맞추고 좌절'한다. 자신의 한계를 속단하지 마라! 꿈꾸는 만큼 그리고 실천하는 만큼 결과를 만든다. 자기가 선택하고, 왜, 후회하며 그 누군가를 원망하는 것일까? '믿음을 가진 자'는 선택하기 전에 전능자에게 "기도하고 선택하라" 그러면 후회하지 않으리라.

여호와의 말씀이니라. 너희를 향한 나의 생각을 내가 아나니 평안이요 재앙이 아니니라. 너희에게 미래와 희망을 주는 것이니라.(렘29:11) 나는 네게 유익하도록 가르치고 너를 마땅히 행할 길로 인도하시는 네 하나님 여호와라(사48:17) 철학자 칸트는 말했다. "나는 해야 한다. 그러므로 할 수 있다." 윌리엄 포크너도 말했다. 남보다 잘 하려고 고민하지 마라. 다만 "지금의 자신보다 잘 하려고 애쓰는 것이 더 중요하다" 사람이 마음으로 자기의 길을 계획할지라도 그의 걸음을 인도하시는 이는 여호와시니라(잠16:9) 너의 행사를 여호와께 맡기라 그리하면 네가 경영하는 것이 이루어지리라. (잠16:3)

아무것도 염려하지 말고 다만 모든 일에 기도와 간구로, 너희 구할 것을 감사함으로 하나님께 아뢰라 그리하면 모든 지각에 뛰어난 하나님의 평강이 그리스도 예수 안에서 너희 마음과 생각을 지키시리라(빌4:6-7)

● 덕(德)을 세우는 방법

하나님께서 선물로 주신 너그럽고 고귀한 은혜를 함께 나누는 방법.

※ 너희가 더욱 힘써 너희 믿음에 덕을, 덕에 지식을, 지식에 절제를, 절제에 인내를, 인내에 경건을, 경건에 형제 우애를, 형제 우애에 사랑을 더하라.(벧후1:5-7)

우리가 다 하나님의 아들을 믿는 것과 아는 일에 하나가 되어 온전한 사람을 이루어(엡4:13) 망령되고 허탄한 신화를 버리고 경건에 이르도록 네 자신을 연단하라 육체의 연단은 약간의 유익이 있으나 경건은 범사에 유익하니 금생과 내생에 약속이 있느니라.(딤전4:7-8) 누구든지 스스로 경건하다 생각하며 자기 혀를 재갈 물리지 아니하고 자기 마음을 속이면 이 사람의 경건은 헛것이라. 하나님 아버지 앞에서 정결하고 더러움이 없는 경건은 곧 고아와 과부를 그 환난 중에 돌보고 또 자기를 지켜 세속에 물들지 아니하는 그것이니라.(약1:26-27) 이는 세상에 있는 모든 것이 육신의 정욕과 안목의 정욕과 이생의 자랑이니 다 아버지께로부터 온 것이 아니요 세상으로부터 온 것이라 이 세상도 그 정욕도 지나가되 오직 하나님의 뜻을 행하는 자는 영원히 거하느니라.(요일2:16-17) 누가 이 세상의 재물을 가지고 형제의 궁핍함을 보고도 도와 줄 마음을 닫으면 하나님의 사랑이 어찌 그 속에 거하겠느냐 자녀들아 우리가 말과 혀로만 사랑하지 말고 행함과 진실함으로 하자.(요일3:17-18) 너희는 말씀을 행하는 자가 되고 듣기만 하여 자신을 속이는 자가 되지 말라(약1:22)

※ 끝으로 형제들아 무엇에든지 참되며 무엇에든지 경건하며 무엇에든지 옳으며 무엇에든지 정결하며 무엇에든지 사랑받을 만하며 무엇에든지 칭찬받을 만하며 무슨 덕이 있던지 무슨 기림〈도덕적으로 높은 기준의 칭찬을 받는 것〉이 있든지 이것을 생각하라. 너희는 내게 배우고 받고 듣고 본 바를 행하라 그리하면 평강의 하나님이 너희와 함께 계시리라.(빌4:8-9) 그리스도의 평강이 너희 마음을 주장하게 하라 너희는 평강을 위하여 한 몸으로 부르심을 받았으니 너희는 또한 감사하는 자가 되라(골

3:15) 몸이 하나요, 성령도 한 분이시니 이와 같이 너희가 부르심의 한 소망 안에서 부르심을 받았느니라.(엡4:4) 그의 신기한 능력으로 생명과 건강에 속한 모든 것을 우리에게 주셨으니 이는 자기의 영광과 덕으로써 우리를 부르신 이를 앎으로 말미암음이라(벧전1:3) 그러므로 피차 권면하고 서로가 덕을 세우기를 너희가 하는 것 같이 하라(살전5:11)

① 남의 허물을 꾸짖지 말고,
② 남의 비밀을 드러내지 말며,
③ 남의 지난날 잘못을 기억하지 말고. '죄 사함을 받은 자로서 깨어 믿음에 굳게 서서 남자답게 강건하라.' 너희 모든 일을 사랑으로 행하라(고전16:13-14)

사랑하는 자들아 너희는 너희의 지극히 거룩한 믿음 위에 자신을 세우며 성령으로 기도하며 하나님의 사랑 안에서 자신을 지키며 영생에 이르도록 우리 주 예수 그리스도의 긍휼을 기다리라(유다서1:20-21)

● 고생(고난), 그 자체를 수용하라!
생각하건데 현재의 고난은 장차 우리에게 나타날 영광과 비교할 수 없도다(롬8:18) 여호와의 모든 길은 그의 언약과

증거를 지키는 자에게 인자와 진리로다(시25:10)

사람은 고생을 위하여 났으니 불꽃이 위로 날아가는 것 같으니라(욥5:7) 하나님이 인생들에게 노고를 주사 애쓰게 하신 것을 내가 보았노라(전3:10) 마음을 다하며 지혜를 써서 하늘 아래서 행하는 모든 일을 연구하며 살핀즉 이는 괴로운 것이니 하나님이 인생들에게 주사 수고하게 하신 것이라.(전1:13) 우리의 연수가 칠십이요 강건하면 팔십이라도 그 연수의 자랑은 수고와 슬픔뿐이요 신속히 가니 우리가 날아가나이다(시90:10) 살아있는 사람은 자기 죄 때문에 벌을 받나니 어찌 원망하리요(애3:39)

하나님의 뜻대로 하는 근심은 후회할 것이 없는 구원에 이르게 하는 회개를 이루는 것이요 세상근심은 사망을 이루는 것이니라(고후7:10) 그러므로 하나님의 뜻대로 고난을 받는 자들은 또한 선을 행하는 가운데에 그 영혼을 미쁘신 창조주께 의탁할지어다.(벧전4:19) 내 마음의 근심이 많사오니 나를 고난에서 끌어내소서(시25:17) 의인은 고난이 많으나 여호와께서 그의 모든 고난에서 건지시는 도다(시34:19) 주께서 인생으로 고생하게 하시며 근심하게 하심은 본심이 아니시로다.(애3:33) 여호와께서는 자기 백성을 버리지 아니하시며 자기의 소유를 외면하지 아니하심이로다(시94:14) 나라면 하나님을 찾겠고 내 일을 하나님께 의탁하리라(욥5:8) 우리의 마음과 손을 아울러 하늘에 계신 하나님께 들자(애3:41) 주의 진리로 나를 지도하시고 교훈하소서. 주는 내 구원의 하나님이시니 내가 종일 주를 기다리나이다(시25:5) 그러나 진리의 성령이 오시면 그가 너희를 모든 진리 가운데로 인도하시리니 그가 스스로 말하지 않고 오직 들은 것을 말하며 장래 일을 너희에게 알리시리라.(요16:13) 이것을 너희에게 이르는 것은 너희로 내 안에서 평안을 누리게 하려 함이라 세상에서는 너희가 환난을 당하나 담대하라 내가 세상을 이기었노라(요16:33) 끝까지 견디는 자는 구원을 얻으리라(마24:13)

▶ 너희 인내로 너희 영혼을 얻으리라(눅21:19)

▶ 너희에게 인내가 필요함은 너희가 하나님의 뜻을 행한 후에 약속을 받기 위함이라(히10:36)

▶ 믿음의 시련이 인내를 만들어 내는 줄 너희가 앎이라(약1:3)

▶ 보라 인내하는 자를 우리가 복되다 하나니 너희가 욥의 인내를 들었고 주께서 주신 결말을 보았거니와 주는 가장 자비하시고 긍휼이 여기시는 이시니라(약5:11)

※ 누가 지혜가 있어 이런 일을 깨달으며 누가 총명이 있어 이런 일을 알겠느냐 여호와의 도는 정직하니 의인은 그 길로 다니거니와 그러나 죄인은 그 길에 걸려 넘어지리라(호14:9)

● 축복은 인내의 선물(보험 세일즈할 때의 일화)

여기서는 내가 익산에서 보험영업을 할 때의 일화를 전하고자 한다. 그 당시 익산에서 전자대리점을 크게 운영하시던 '박 사장이라는 분과 얽힌 이야기'다. 그 대리점에는 '쎄레스'라고 하는 1톤 트럭이 열 대 정도가 있었다. 그 차량에는 선풍기나 냉장고 등 가전제품을 싣고 농촌을 돌며 판매하는 차였다. 나는 이 차량들을 보는 순간, 반드시 이 열대의 차량보험을 모두 받아야겠다는 결심을 했다. 그런데 '박 사장이라는 분'은 어려운 환경에서 성장했고, 오직 근면과 성실로 자수성가한 대표적인 인물이었다. 그래서 그런지 누구의 말도 쉽게 믿지 않는 분으로 유명했다. 더구나 돈에 관해서라면 자린고비 저리가라 할 정도로 인색한 분이셨다. 처음에 그 분을 잘 모르는 나는 '그쪽도 장사고 나도 장사니, 냉장고 몇 대 팔아주면 자동차보험 한두 대는 가입해 주지 않겠는가?' 하는 섣부른 생각으로 다가갔다. 역시나, 첫 대면부터 암초가 기다리고 있었다. 내가 명함을 내밀면서 자동차보험 얘기를 하니까 대뜸 '자동차보험의 가입조건으로 물건을 팔아준다는 식의 말을 하려면 아예 그만두라'는 식이었다. '나는 친척이 보험회사에 다니고 있어 이미 그쪽에 가입하고 있다'는 것이었다. 순간! 굉장히 당혹스러웠지만, 겉으로는 태연한 척하면서, 나는 결심했다. '내가 이곳의 자동차보험을 받지 못하면 보험회사를 때려

치우겠다.'고 말이다. 그 후로는 박 사장님의 주변을 항상 맴돌며 생일을 알아내어, 생신날에 케이크도 보내드리고, 아들 결혼식엔 축의금도 남들보다 더 집어넣었다. 그리고 집들이에는 약간 무리를 해서 값나가는 대형 괘종시계도 선물했다. 그런데도 박 사장님은 '고맙다는 말 한마디'가 없었다. '아무리 그래 봐라 내가 보험에 가입하나?' 하는 생각인 것 같았다. 그래도 나는 쉼 없이 박 사장님의 마음을 노크했다. 내가 아는 사람 중에 전자제품 살 사람이 있으면 꼭 박 사장님이 계신 시간에 가서 팔아주었다. 그럴 때면 박 사장님도 겸연쩍은 모습을 보이기 시작했다, 거기서 나는 가능성을 확인했다. 아직 보험가입은 못시켰지만, 그 곳 차량들의 보험만기일은 늘 기억하고 있었다. '주여 나는 외롭고 괴로우니 내게 돌이키사 나에게 은혜를 베푸소서(시 25:16)' 비가 억수로 쏟아지고 바람마저 심히 불던 어느 여름 날! 일주일 후면 그곳의 차량 두 대가 보험만기 일이었다. 일부러 비를 흠뻑 맞으며 자전거를 타고 대리점을 찾아갔다. 선물 공세로 통하지 않는다면 '동정심'에라도 호소하고 싶은 심정이었다. 다행히 박 사장님이 자리에 계셨다. 나는 비에 흠뻑 젖은 몸으로 문을 밀치고 들어가며 잠시 비를 피하려 들어 왔다고 말을 건넸다. 그러나 박 사장님은 나의 비 맞은 꼴은 아랑곳하지 않고 쇼파 버릴까봐 그런지 앉으라는 말도 없이 자루달린 걸레를 가져와서 내 몸에서 흘러내리는 빗물을 닦아내는데 여념이 없었다. 아! 또 실패로구나! 그러나 이상하게도 온몸에서 해내고 말겠다는 오기로 충만해지는 감정을 느꼈다. '두고 보자 누가 이기는지? 내가 꼭 승리하고 말 것이다.' 그렇게 또 몇 개월이 흘러 가을이 지나고 온 누리에 하얀 눈이 무릎까지 빠질 만큼 내린 어느 날 아침! 쌓인 눈을 보면서도 일주일 후에 그 대리점의 차량 3대가 보험만기일인 것이 떠올랐다. '그래! 오늘 박 사장님을 만나러 가자!' 나는 주저하지 않고 버스마저 다니지 않는 그 길을 자전거를 타고 나섰다. 길은 정말 미끄러웠다. 4km쯤 되는 거리를 여러 번 넘어지면서 찾아갔다. 항상 그랬던 것처럼 박 사장님은 어김없이 자리를 지키고 계셨다. 지금부터는 내가 박 사장과 어떤 모습으로 만나야 할 것인가가 문제였다. 자전거를 타고 가게로 돌진하여 쇼윈도의 유리창을 확 깨뜨려 버릴까? 아냐! 유리 값이 너무 비쌀 것 같아! 그리고 다칠 수도 있고……. 자전거를 타고 가다가 넘어져버릴까? 그러면 박 사장님이 나를 일으켜 주시면서 뭐라고 말을 걸겠지! 나는 자전거에 몸을 싣고 있는 힘을 다해 자전거 페달을 밟았다. 그리곤 박 사장님이 볼 수 있는 곳에서 각본대로 넘어졌다. 그런데 살짝 넘어진다는 것이 내 계획과는 달리 참말로 넘어지고 말았다. 길바닥이 너무 미끄럽기도 했지만, 내 몸이 얼어서 내 맘대로 움직여지지 않을 수도 있다는 것을 왜 생각하지 못했을까? 가슴은 핸들에 강하게 부딪혀서 숨을 쉴 수가 없었고, 설상가상으로 왼쪽 무릎에 심한 충격이 왔다. 그 대리점 앞길에는 트럭에 물건을 실을 때 차가 뒤로 물러나지 않도록 바퀴를 괴는 돌들이 있었는데, 눈이 덮여 보이질 않았던 것이다. 그러나 효과는 백 프로! 퍽 소리와 함께 하얀 눈 위에 무릎의 선혈이 흘러내리는 그 모습을 보고 박 사장님이 놀라서 달려 나왔다. 그리곤 치솟는 피를 보더니 안에다 대고 소리쳤다. "김군아! 압박붕대 가져와라, 빨리." "아! 이 사람아! 자네 지금 제 정신이야? 이런 눈길에 몸도 성치 않은 사람이 자전거를 타고 나와? 정신없는 사람 같으니라고." "사장님! 고맙습니다. 남들은 오늘 일을 내일로 미뤘다가 할 수도 있겠지만, 저는 그런 형편이 되지 못합니다." 박 사장님은 압박붕대로 무릎을 정성스레 응급처치를 한 다음 나를 사무실로 안고 가서 쇼파에 앉히고 따끈한 차 한 잔을 내와서 "자, 마시게, 그리고는 빨리 병원에 가보세! 그런데 다리는 어쩌다 이렇게 된 것인가?"
1년 6개월 만에 비로소 나에 대한 인간적인 관심을 보였다. '아! 이 찬스를 얼마나 기다려왔던가!' 어린 시절에 저를 돌보던 사람의 실수로 이 모양이 되었습니다. 나의 그간 걸어온 인생사를 들으면서 박 사장은 변화를 보이기 시작했다. 바늘로 찔러도 피 한 방울 나올 것 같지 않던 그 박 사장의 눈에서 눈물이 흘렀고, 더는 못 참겠다는 듯 세면대로 가고

야 말았다. 얼굴을 닦고 나오면서 '김군아! 자동차보험 만기 통지서 온 것 서랍에서 내어 이리 가져와라' 눈물도 없고, 인정사정도 없던 그 박 사장이 비로소 나를 인정하게 된 것이다. 그 후로 막강한 후원자가 되어 나의 보험인생 길에 엄청난 협력을 해 주셨다. "목표를 세웠으면 그것에 미쳐라! 땀을 흘려라, 눈물을 흘려라! 그래도 안 되면 피까지도 아끼지 마라!" "이루고 말겠다는 굳은 결심으로 목숨을 걸은 사람에게는 천하 어느 곳에든지 길이 있고, 변명을 찾는 사람에게는 길 위의 조약돌에도 핑계"가 있느니라. 보험세일즈가 나의 인생이고 삶이었기에 어느 목표를 설정하면 그것을 이룰 때까지 피와 땀과 눈물을 여한 없이 바쳤다. "성공과 성취보다는 은혜"가 먼저다. "은혜와 감사를 깨달은 사람에게는 삶 자체가 축복"이다 그것은 나 혼자서 깨달을 수 없는 "신의 축복"이었다. '상처 없는 거목이 어디 있으며, 실패 없는 성공이 어디 있는가? 살아있는 만물이 겪어야하는 성장통'인 것이다. 모든 것을 잃었다고 생각될 때가 쓰임을 받을 절호의 기회다.

나무가 꺾이고 땅에 쓰러져 밟히고 껍질이 벗겨지는 심한 고통을 겪고 난 후에야 누군가의 진정한 쓰임을 받는 지팡이가 되는 것처럼, 인생도 주님의 쓰임을 받기 위해서는 "환난은 인내를, 인내는 연단을, 연단은 소망이라는 계단의 산"을 넘고, "중생(거듭남)"이라는 강을 건너야 하리라. 그러므로 누구든지 이런 것에서 자기를 깨끗하게 하면 귀히 쓰는 그릇이 되어 거룩하고 주인의 쓰심에 합당하며 모든 선한 일에 준비함이 되리라(딤후2:21) 내 형제들아, 너희가 여러 가지 시험을 당하거든 온전히 기쁘게 여기라 이는 너희 믿음의 시련이 인내를 만들어 내는 줄을 너희가 앎이라 인내를 온전히 이루라 이는 너희로 온전하고 구비하여 조금도 부족함이 없게 하려 함이라.(야고보서1:2-4)

내가 목사로 재직할 때에 사업하시는 집사께서 심각한 표정으로 찾아와 "목사님! 너무도 고통스럽고 괴롭습니다. 답을 좀 주세요." "아버지께 기도하셨습니까?" "기도드릴 심정도 아닙니다. 혹시 걱정. 근심 없는 세상은 없을까요?" "제가 어제 그 곳을 지나 왔는데!" "예? 제발 그 곳 좀 알려 주세요." "그래요! 여기서 그리 멀지 않습니다. 가 보시겠습니까?" '예' "그곳은 바로 '공동묘지'입니다." '재난은 티끌에서 일어나는 것이 아니며 고생은 흙에서 나는 것이 아니니라. 사람은 고생을 위하여 났으니 불꽃이 위로 날아가는 것 같으니라(욥5:6-7)' 보옵소서 내게 큰 고통을 더하신 것은 내게 평안을 주려 하심이라 주께서 내 영혼을 사랑하사 멸망의 구덩이에서 건지셨고 내 모든 죄를 주의 등 뒤에 던지셨나이다.(시38:17) 하나님의 크신 지혜를 구하지 않고 자기의 지혜로 답을 찾으려 하는 자는 점점 깊은 늪으로 들어가는 것이다. "기도를 계속하고 기도에 감사함으로 깨어 있으라(골4:2)" ※은혜를 진정으로 느낄 때에 감사는 태어나고 감사를 깨달을 때 은혜는 열매를 맺는다. 우리가 다 그의 충만한 데서 받으니 은혜 위에 은혜러라(요1:16)

2장 그대들의 길(그대는 목적지가 있는가?)

사람이 마음으로 자기의 길을 계획할지라도 그의 걸음을 인도하시는 이는 여호와시니라.(잠16:9) 사람의 마음에는 많은 계획이 있어도 오직 여호와의 뜻만이 완전히 서리라(잠19:21)

2장에서 드리는 교훈들
- 젊은 실버세대여, 속지마라!
- 사랑에도 연습이 필요하다.
- 목표와 최선(보험 세일즈할 때의 일화)
- 나의 경쟁 상대는 내 자신
- 나의 적은 어디에?

● 젊은 실버세대여, 속지마라!

인생은 나이에 있는 것만이 아니라 "굳은 결심과 된다는 확신"에 존재한다는 사실을 아시는가? 심장이 뛰는 한 나이는 없다. 같은 나이라고 같이 늙는 것도 아니다. 또한 죽음에도 순서가 있다. 나를 버리면 내일은 없다. 야구경기의 9회 말 역전승과 같이 인생도, 모든 운동경기도 끝나봐야(종쳐야) 알 수 있는 것처럼 지나간 순간들에게 자신을 파

묻지 말고, 할까 말까 망설이며 머뭇거렸던 자신에게 분노하라! 상상하면 그리게 되고, 꿈을 꾸면 언젠가는 이루어진다. 생애 가장 하고 싶었던 일에 과감하게 도전하라! 작은 불씨가 산을 태우지 않던가? 정열을 남김없이 태워라! "시작은 아무리 늦어도 빠르고, 후회는 아무리 빨라도 늦다" 또한 그 평가는 그대의 몫이 아니다 내일을 심고 가꾸는 자들의 것이다. '그러므로 나는 사람이 자기 일을 즐거워하는 것보다 더 나은 것이 없음을 보았나니 이는 그것이 그의 몫이기 때문이라 아, 그의 뒤에 일어날 일이 무엇인지를 보게 하려고 그를 도로 데리고 올 자가 누구이랴.(전3:22)' 우매한 자는 팔짱을 끼고 있으면서 자기의 몸만 축내는도다(전4:5) 이 세상은 급속한 도시화로 핵가족화되며, 실버들이 소외된 대상으로 전락하고 있음이 현실이다. 더더욱 안타까운 사실은 현재의 "실버세대들은 자신의 삶을 가족을 위해, 사회를 위해, 나라를 위해 바쳤음에도 불구하고 그들에게서 멀어지고 있는 현실이며, 원망할 대상조차 없다는 사실이 더욱더 쓸쓸하게 만든다." 지혜 자는 그의 눈이 그의 머릿속에 있고 우매 자는 어둠 속에 다니지만 그들 모두가 당하는 일이 모두 같으리라는 것을 나도 깨달았도다(전2:14) 아침과 저녁 사이에 부스러져 가루가 되며 영원히 사라지되 기억하는 자가 없으리라(욥4:20) 물질이 세상을 향해 선전포고를 하는 이 시점에 인간이라면 능히 그것들을 제압할 대책을 갖추어야 하지 않겠는가? '네 마음으로 죄인의 형통을 부러워하지 말고 항상 여호와를 경외하라' 정녕히 네 장래가 있겠고 네 소망이 끊어지지 아니 하리라 내 아들아 너는 듣고 지혜를 얻어 네 마음을 바른 길로 인도할 지니라.(잠23:17-19) 선을 행하고 전혀 죄를 범하지 아니하는 의인은 세상에 없기 때문이로다. 또한 사람들이 하는 모든 말에 네 마음을 두지 말라 그리하면 네 종이 너를 저주하는 것을 듣지 아니하리라

너도 가끔 사람을 저주하였다는 것을 네 마음도 알고 있느니라.(전7:20-22) 그가 비록 천년의 갑절을 산다 할지라도 행복을 보지 못하면 마침내 다 한 곳으로 돌아가는 것뿐이 아니냐(전6:6) 전도자가 이르되 보라 내가 낱낱이 살펴 그 이치를 연구하여 이것을 깨달았노라(전7:27) 내가 깨달은 것은 오직 이것이라 곧 하나님은 사람들을 정직하게 지으셨으나 사람이 많은 꾀들을 낸 것이니라.(전7:29)

● 사랑에도 연습이 필요하다

어느 교회에서 야외수련회를 1박 2일로 갔는데, 한 밤중에 갑자기 화재가 나서 불길이 순식간에 번지는 것을 본 김집사는 '불이야!'를 외치며, 쏜살같이 아이들이 자고 있는 텐트로 달려갔는데, "자기 아들, 딸을 찾느라고 헤매다가 골든타임"을 놓쳐서 구할 수 있는 아이들조차 구하지 못하

고 자기 아들과 딸도 잃었답니다. "진정한 사랑 속에 '내 아들, 남의 아들이 어디 있으며, 내 딸과 남의 딸'이 어디 있나이까?" 이 사건을 뒤돌아보면서 우리는 무엇을 깨달아야 할까요? 그가 우리를 위하여 목숨을 버리셨으니 우리가 이로써 사랑을 알고 우리도 형제들을 위하여 목숨을 버리는 것이 마땅하니라.(요일3:16) 내가 그리스도와 함께 십자가에 못 박혔나니 그런즉 이제는 내가 사는 것이 아니요 오직 내 안에 그리스도께서 사시는 것이라 이제 내가 육체 가운데 사는 것은 나를 사랑하사 나를 위하여 자기 자신을 버리신 하나님의 아들을 믿는 믿음 안에서 사는 것이라.(갈2:20) 온 율법은 '네 이웃 사랑하기를 네 자신같이 하라' 하신 한 말씀에서 이루어졌나니 만일 서로 물고 먹으면 피차 멸망할까 조심하라.(갈5:14-15)

사랑은 오래 참고 사랑은 온유하며 시기하지 아니하며 사랑은 자랑하지 아니하며 교만하지 아니하며 무례히 행하지 아니하며 자기의 유익을 구하지 아니하며 성내지 아니하며 악한 것을 생각하지 아니하며 불의를 기뻐하지 아니하며 진리와 함께 기뻐하고 모든 것을 참으며 모든 것을 믿으며 모든 것을 바라며 모든 것을 견디느니라(고전13:4-6) 오직 사랑으로 서로 "종노릇 하라"(갈5:13) 무엇보다도 뜨겁게 사랑할지니 사랑은 허다한 죄를 덮느니라.(벧전4:8)

자녀들아 우리가 말과 혀로만 사랑하지 말고 행함과 진실함으로 하자(요일3:18) 너희는 믿음 안에 있는가 너희 자신을 시험하고 너희 자신을 확증하라 예수 그리스도께서 너희 안에 계신 줄을 너희가 스스로 알지 못하느냐 그렇지 않으면 너희는 버림받은 자니라.(고후13:5) 어느 날! 어떤 사람이 '슈바이처'에게 당신은 왜 의사가 되었습니까? 하고 질문하자 그는 '나는 말로는 사람을 감동시킬 수가 없기 때문입니다'라고 대답했다고 한다. 그는 말보다는 몸으로 사랑을 실천하는 삶을 살았다.

※ 우리가 마음에 뿌림을 받아 악한 양심으로부터 벗어나고 몸은 맑은 물로 씻음을 받았으니 "참 마음과 온전한 믿음"으로 하나님께 나아가자(히10:22) 그러므로 그리스도 안에서 무슨 권면이나 사랑의 무슨 위로나 성령의 무슨 교제나 긍휼이나 자비가 있거든 마음을 같이하여 같은 사랑을 가지고 뜻을 합하여 한마음을 품어 아무 일에든지 다툼이나 허영으로 하지 말고 오직 겸손한 마음으로 각각 자기보다 남을 낫게 여기고 각각 자기 일을 돌볼뿐더러 또한 각각 다른 사람들의 일을 돌보아 나의 기쁨을 충만하게 하라(빌2:1-4) 우리가 아직 죄인 되었을 때에 그리스도께서 우리를 위하여 죽으심으로 하나님께서 우리에 대한 자기의 사랑을 확증하셨느니라.(롬5:8)

※ 진정한 사랑 속에는 인내와 섬김과 기다림의 철학이 숨겨져 있다.

● **목표와 최선(보험 세일즈할 때의 일화)**

목표가 있는 삶은 생기가 넘치고 그 목표를 이루기 위한 행동에서 결과가 나타나지만, 목표가 없는 삶은 결과물의 형상이 없다. 목표는 사람의 마음을 변화시킨다. 어떤 일을 시작한 사람들 중에는 목표를 이루지 못하면, 변명처럼 외친다. 나는 최선을 다했으니 후회는 없다고……. 하지만, 나는 그들에게 외치고 싶다. 당신은 최선을 다하지 않았다라고! 그대가 비록 혼신의 힘을 다했다고 할지라도, 그 목표를 진정으로 이루고 싶었다면, "전능자이신 하나님께 도움을 청해야 했다고" 여호와의 말씀이니라. 너희를 향한 나의 생각을 내가 아나니 평안이요 재앙이 아니니라. 너희에게 '미래와 희망'을 주는 것이라(렘29:11) '환난 날에 나를 부르라' 내가 너를 건지리니 네가 나를 영화롭게 하리로다(시50:15) 그러나 당신은 그 일을 하지 않았다. 최선을 다했다는 것도 중요하지만, 누구의 힘을 빌어서라도 "결과물"을 창출해야만 했다 변명을 준비하는 사람에게서는 영원히 "결실(열매)"을 볼 수가 없는 것이다. "좋은 것은 위대한 것의 적"이다. 대부분의 사람들은 "좋은 것"에 만족하며 "위대한 것" 찾는 것을 포기하거나 망각한다. 내가 전자대리점 박 사장님을 나의 진정한 협력자로 만든 이후엔 무슨 일이든지 죽기를 각오하고 노력하면 안 되는 것이 없다는 '확신'이 생겼다. 다만, 그 이루어짐에는 '늦고 빠름'이 있을 뿐이다. '일 년, 한 달, (년. 월) 매출을? 달성하기 해서는 몇 건을, 몇 사람을, 어디서, 어떻게'라는 목표를 설정하고 실천해 나갔다. 그러면서 얻은 교훈은 '목표를 세우고 정성을 들이면 꼭 대가가 있다'는 것도 알았다.

또 무엇을 하던지 말에나 일에나 다 주 예수 이름으로 하고 그를 힘입어 하나님 아버지께 감사하라(골3:17) "문제는 행동"이다. '너희는 말씀을 행하는 자가 되고 듣기만 하여 자신을 속이는 자가 되지 말라(약1:22)' 아무리 이론을 많이 알아도 '행동하지 않는 지식은 무용지물'이다. 이와 같이 '행함이 없는 믿음은 그 자체가 죽은 것이라.(약2:17)' 무조건 하루에 다섯 건의 보험계약을 성사시키겠다는 목표로 전진하던 때의 일화이다. 4건까지는 순조롭게 이루어졌다. 그런데 마지막 1건이 나의 발목을 잡았다. 마지막 1건을 채우기 위해 장장 6시간을 몸부림쳤어도 '헛수고'였다. 하나둘씩 점포들의 불은 꺼져가고, 여기저기서 셔터 내리는 소리가 들리기 시작했다. 자정이 가까워지는 시간이지만, 그렇다고 포기할 수는 없었다. 기필코 달성하리라! 하나. 둘 꺼져가는 불빛 속에서도 불이 켜진 곳을 찾고 있던 중에 멀리, 불빛 하나가 눈에 들어 왔다. 나는 무작정 불빛에 이끌리는 나방처럼 그곳을 찾아갔다. 그곳은 다름 아닌 역전 파출소였다. 파출소 안을 들여다보니 한 경찰관이 피로에 지친 듯이 졸고 있었다. 나는 마음을 가다듬고 파출소 안으로 들어섰다. '아저씨 부탁 좀 드릴게요!' "아, 화장실? 저쪽으로 가세요." "저 그게 아니고요. 선생님은 가족을 얼마나 사랑하십니까?" "뭐요? 가족을 얼마나 사랑하냐니?" 아니! 밤중에 홍두깨도 유분수지, 통행금지가 가까운 이 시간에 웬, 시덥잖은 놈이 나타나서 '가족을 얼마나 사랑하냐고 물으니' 이런 경험이 처음인 경찰관은 이게 무슨 뚱딴지 같은 소린가 싶어 정색을 하고 내 얼굴을 쳐다보았다. "경찰이란 직업이 얼마나 위험한 직업입니까?" 더는 참지 못하겠다는 듯 경찰관의 입에서 반말이 튀어 나왔다. "당신은 도대체 뭐하는 사람이야?" '나는 명함을 내밀며, 저는 보험회사에 다니는 "조 용모"라고 합니다.' "뭐야! 그러니까 이 시간에 나에게 보험에 가입하라는 얘기야?" 그 경찰관은 황당하다는 듯이 내 얼굴을 쳐다보았다. "위험이 예고를 하고 찾아오는 것이 아니 듯이 보험가입에도 때가 중요합니다." 담담하게 말하는 내 모습을 보면서 경찰관은 그제서야 나의 외모를 살피다가 내 다리에 눈길이 멈추었다. "그런데 당신 다리는 어쩌다 그렇게 됐는가?" "어린 시절 한 사람의 실수로 평생 지팡이를 짚어야하는 신세가 되었습니다. 그 후에 생각한 것은 이 세상을 믿을 수가 없다면, 내가 내 자신을 지키기 위한 방편을 마련해야겠다는 생각을 하게 되었고, 한꺼번에 많은 돈을 모을 수는 없지만, 갑자기 큰돈이 필요할 때 쓸 수 있는 대책을 마련해 두어야겠다는 생각을 한 것입니다. 그래서 보험회사를 다니기 시작했고, 나 같은 사람을 더 이상은 만들지 않겠다는 일념으로 하루에 다섯 사람의 미래를 지켜야겠다는 사명감으로 나왔는데, 오늘 네 분은 구했는데, 마지막 한 분을 찾다 보니, 여기까지 오게 되었습니다. 부담 없이 불입하시고 보장은 물론 만기 시에 불입한 금액의 80%를 돌려드리는 보험이 있는데, 그것을 추천해 드리고 싶습니다." "경찰관이기에 앞서 한 가정의 '가장'이란 사실을 잊지 않으셨으면 합니다." "자네 참 치밀하구먼, 좋아 내가 마지막 한 사람이 돼주지." "정말 현명한 선택을 하셨습니다. 여기 청약서에 서명을 부탁드립니다. 그리고 한 가지만 더 부탁 드려도 될까요? 선생님처럼 미래 대비의 안목이 있으신 분이라면 지인 중에 한 분 정도는 족히 소개해 주실 수 있지 않을까 해서 부탁을 드리는데, 그렇다고 너무 부담은 갖지 않으셔도 됩니다."

"자네 참 대단해, 철저하구만······" 너털웃음을 지으며 호기롭게 보험청약서에 사인해 주시는 경찰관과 한동안 얘기를 나누다가 통행금지 시간인 12시가 넘어버렸다. 그래서 파출소의 직인을 손바닥에 찍고 집으로 향하는 발걸음은 그 어느 날보다 가벼웠다. 목표를 달성하기 위해 통행금지도 두려워하지 않고 끝까지 몸부림쳤던 그 날의 그 기억은 그 후에 어떤 어려운 일, 어떤 돌발 사고에도 흔들리지 않는 당당한 '이정표'가 되었다. 이런 곳이 바로 틈새시장이 아닐까? "틈새시장은 * 남이 잘 찾지 않는 곳, * 대화하길 꺼려하는 사람들이 모여 있는 곳 * 평소 그냥 지나쳤던 곳, * 또 그곳은 정해진(친척)사람이 있다고 생각하는 곳이다. 어떤 시장이든 넓지도, 좁지도 않다. 다만 영업에 임하는 사람의 마음속에 "넓이와 길이, 높이와 깊이"가 있을 뿐이다. 사람의 마음에는 많은 계획이 있어도 오직 여호와의 뜻만이 완전히 서리라.(잠19:21) 그가 말씀하시매 이루어졌으며 명령하시매 견고히 섰도다(시33:9) 대저 하나님의 모든 말씀은 능하지 못하심이 없느니라.(눅1:37)

어느 중국 음식집 아들이 한국어 시험에서 '보통'의 반대말을 묻는 조항에 답을 '곱빼기'라고 썼다고 한다. 이 얘기를 그냥 웃어넘길 수도 있지만, 입과 귀는 행동을 점령하고, 행동은 습관을 만드는데, "습관이 한 인간의 운명을 결정"한다. 좋은 습관이 결국엔 행복을 경작하게 만든다. 변화는 '새로운 것을 찾아서 행하는 것도 중요하지만, "가지고 있던 것 중에서 나쁜 것들을 버리는 것이" 더욱 필요하다는 생각이 든다. '은을 사랑하는 자는 은으로 만족하지 못하고 풍요를 사랑하는 자는 소득으로 만족하지 아니하나니 이것도 헛되도다(전5:10)' 너희는 이 세대를 본받지 말고 오직 마음을 새롭게 함으로 변화를 받아 하나님의 선하시고 기뻐하시고 온전하신 뜻이 무엇인지 분별하도록 하라(롬12:2)

너의 행사를 여호와께 맡기라 그리하면 네가 경영하는 것이 이루어지리라(잠언16:3), 그의 마음에는 하나님의 법이 있으니 그의 걸음은 실족함이 없으리로다(시편37:31)

처음에 속히 잡은 산업은 마침내 복이 되지 아니 하느니라(잠20:21) 겸손과 여호와를 경외함의 보상은 재물과 영광과 생명이니라.(잠22:4) 너희 성도들아 여호와를 경외하라 그를 경외하는 자에게는 부족함이 없도다.(시34:9)

● 나의 경쟁상대는 남이 아닌 바로 "내 자신"이다.

인간 최대의 승리는 나를 이기는 것이다.(플라톤) 남과 비교하는 데 시간 낭비하지 말고 자신의 장점을 찾아내서 그 분야에 최고가 돼라! 어찌하여 형제의 눈 속에 있는 티는 보고 네 눈 속에 있는 들보(대들보 : 큰 단점)는 깨닫지 못하느냐 보라 네 눈 속에 들보가 있는데 어찌하여 형제에게 말하기를 나로 네 눈 속에 있는 티를 빼게 하라 하겠느냐 외식하는 자여 먼저 네 눈 속에서 들보를 빼어라 그 후에야 밝히 보고 형제의 눈 속에서 티를 빼리라(마7:3-5) 어제의 나를 이기기 위해서는 지금의 자신을 연단하는 것이며 오직 전능자를 믿어라. 네 짐을 여호와께 맡기라 그가 너를 붙드시고 의인의 요동함을 영원히 허락하지 아니 하시리로다.(시55:22) 아무것도 염려하지 말고 다만 모든 일에 기도와 간구로, 너희 구할 것을 감사함으로 하나님께 아뢰라 그리하면 모든 지각에 뛰어난 하나님의 평강이 그리스도 예수

안에서 너희 마음과 생각을 지키시리라.(빌4:6-7)

● 나의 적(敵)은 어디에?

'너희는 유혹의 욕심을 따라 썩어져 가는 구습을 따르는 옛 사람을 벗어 버리고 오직 너희의 심령이 새롭게 되어 하나님을 따라 의와 진리의 거룩함으로 지으심을 받은 새 사람을 입으라.(엡4:22-24)' 따라서 모든 악독과 모든 기만과 외식과 시기와 모든 비방하는 말을 버려라.(벧전2:1)

바로 "적(敵)은 내 안에 있다." 인간들이 때로는 적이 시키는 대로 사욕(私慾)에 이끌려 하수인이 되어 실패를 한다. 또 외부의 적도 주의해야 하겠지만, 내부의 적은 더더욱 구별할 줄 알아야 승리할 수 있다. 바로 '부정과 사욕과 악한 정욕과 탐심 그리고 감언이설'은 마귀의 장난이다. 문제는 인간이 '하나님의 나라와 육체의 소유욕' 사이에서 헤매고 있다는 것이다. 살아 있는 사람은 자기 죄들 때문에 벌을 받나니 어찌 원망하랴.(애3:39) '너희 중에 싸움이 어디로부터 다툼이 어디로부터 나느냐 너희 지체 중에서 싸우는 정욕'으로부터 나는 것이 아니냐. 너희는 욕심을 내어도 얻지 못하여 살인하며 시기하여도 능히 취하지 못하므로 다투고 싸우는도다. 너희가 얻지 못함은 구하지 아니하기 때문이요 구하여도 받지 못함은 정욕으로 쓰려고 잘못 구하기 때문이라(약4:1-3) 그런즉 너희는 하나님께 복종할지어다. 마귀를 대적하라 그리하면 너희를 피하리라**(약4:7)** 너희는 강하고 담대하라 두려워하지 말라 그들 앞에서 떨지 말라 이는 네 하나님 여호와 그가 너와 함께 가시며 결코 너를 떠나지 아니하시며 버리지 아니하실 것임이라**(신31:6)** 내게 능력을 주시는 자 안에서 내가 모든 것을 할 수 있느니라.**(빌4:13)** 사람이 마음으로 자기의 길을 계획할 지라도 그의 걸음을 인도하시는 이는 여호와시라**(잠16:9)**

그런즉 너희는 먼저 그의 나라와 그의 의를 구하라 그리하면 이 모든 것을 너희에게 더하시리라 그러므로 내일 일을 위하여 염려하지 마라 내일 일은 내일이 염려할 것이요 한 날의 괴로움은 그날로 족하니라.**(마6:33-34)** 마음의 고통은 자기가 알고 마음의 즐거움은 타인이 참여하지 못하느니라.**(잠14:10)** 마음의 즐거움은 양약이라도 심령의 근심은 뼈를 마르게 하느니라.**(잠17:22)**

3장 우리(너와 나)의 길

너희와 우리 사이에 큰 구덩이가 있어 여기서 너희에게 건너가고자 하되 갈 수 없고 거기서 우리에게 건너올 수도 없게 하였느니라.(눅16:26) ※ 진정 "우리는 너와 내가 아닌 나와 또 하나의 나와의 만남"이었다. 그 곳엔 '하나님이 계셨다'. 하나님께 속한 자는 하나님의 말씀을 들나니 너희가 듣지 아니함은 하나님께 속하지 아니하였음이로다.(요8:47) 하나님의 말씀은 다 순전하며 하나님은 그를 의지하는 자의 방패시니라.(잠30:5)

3장에서 드리는 교훈

- 용기
- 행복
- 십일조
- 늦깎이 인생의 축복
- 미술가 리버맨(미국의 샤갈)과 조지 도슨(인생은 아름다워)

● 용기

어떤 일을 겁내지 않는 씩씩하고 굳센 기운을 말한다. 우리에게 필요한 "용기"는 영웅적인 것이 아니다. 여기서 말하는 용기도 일상생활에서의 필요한 용기다.

그를 향하여 우리의 가진바 담대한 것이 이것이니 그의 뜻대로 무엇을 구하면 들으심이라(요일5:14)

① 솔직할 용기,
② 유혹에 저항할 용기,
③ 사실을 말할 용기,
④ 가식 없이 그대로 보여줄 용기,
⑤ 타인의 부(富)에 부도덕하게 의지하지 않고, 갖고 있는 것 내에서 정직하게 살아갈 용기다. {새무엘 스마일즈의 인격론 중에서}

너희는 유혹의 욕심을 따라 썩어져가는 구습을 따르는 옛 사람을 벗어 버리고 오직 심령이 새롭게 되어 하나님을 따라 의와 진리의 거룩함으로 지으심을 받은 새 사람을 입으라.(엡4:22-24) 그런즉 어찌 하리요 우리가 법 아래에 있지 아니하고 은혜 아래에 있으니 죄를 지으리요 그럴 수 없느니라.(롬6:15) ※ 이 세상에서 가장 큰 용기는 "자기 자신을 속이지 않는 용기"다. 너희는 말씀을 행하는 자가 되고 듣기만 하여 자신을 속이는 자가 되지 말라.(야고보서1:22) 아무도 자신을 속이지 말라 너희 중에 누구든지 이 세상에서 지혜 있는 줄로 생각하거든 어리석은 자가 되라 그리하여야 지혜로운 자가 되리라.(고전3:18) 하나님이 너희를 감찰하시면 좋겠느냐 너희가 사람을 속임같이 그를 속이려느냐(욥13:9) 스스로 속이지 말라 하나님은 업신여김을 받지 아니하시나니 사람이 무엇으로 심든지 그대로 거두리라(갈 6:7)

● 행복

오늘도 누군가의 희생과 헌신으로 얻어진 행복을 '자신만이 노력한 대가'라고 착각하지마라. 다만, 행복의 제일 조건은 어떤 상황에서도 '은혜와 감사'를 찾아내는 "만족의 기술"이다. 그래서 '행복의 답은 객관적이 아닌 주관적'이다. 미래의 행복을 찾는 첩경은 현재의 삶속에서 '행복을 키워가는 습관'이다. 불행의 뿌리를 인내로 키워 행복의 열매를 수확하는 것이다. 행복과 불행이 한 몸이라는 사실을 아는 사람은 불행해질 이유가 없다. 왜? 불행 그 자체에서도 남을 탓하지 않고 오직 하나님의 뜻 안에서 항상 기뻐하고 기도에 감사함으로 깨어 있으며 범사에 사랑과 은혜의 축복으로 충만하기 때문이다. 믿음생활을 하는 성도들의 "최고 행복은 하나님의 자녀라는 확신"이다. 여호와께서는 자기 백성을 버리지 아니하시며 자기의 소유를 외면하지 아니하시리로다(시94:14) 하나님이여 일어나사 세상을 심판하소서 모든 나라가 주의 소유이기 때문이니이다.(시82:8) 심판이 의로 돌아가리니 마음이 정직한 자가 다 따르리로다(시94:15) 하나님이 이르시되 그가 나를 사랑한즉 내가 그를 건지리라 그가 내 이름을 안즉 내가 그를 높이리라 그가 내게 간구하리니 내가 그에게 응답하리라 그들이 환난을 당할 때에 내가 그와 함께 하여 그를 건지고 영화롭게 하리라(시91:14-15) 여호와께서는 자기를 사랑하는 자들은 다 보호하시고 악인들은 다 멸하시리로다(시145:20) 어떤 사람은 마음에 고통을 품고 죽음으로 행복을 맛보지 못하는도다(욥21:25) 그가 비록 천년의 갑절을 산다 할지라도 행복을 보지 못하면 마침내 다 한 곳으로 돌아가는 것뿐이 아니냐(전6:6) 여호와를 자기 하나님으로 삼은 나라 곧 하나님의 기업으로 선택된 백성은 복이 있도다.(시:33:12) 이러한 백성은 복이 있나니 여호와를 자기 하나님으로 삼은 백성은 복이 있도다.(시144:15)

이스라엘이여 너는 행복한 사람이로다. 여호와의 구원을 너같이 얻은 백성이 누구냐 그는 너를 돕는 방패시오 네 영광의 칼이시로다. 네 대적이 네게 복종하리니 그들의 높은 곳을 밟으리로다.(신명기33:29) 사랑하는 아내가 암으로 사망하자 남편은 아내가 평소에 좋아했던 해바라기를 심으며 슬픔을 잠재웠답니다. 시간이 지나면서 삼천 평(9930평방미터)의 해바라기 꽃밭이 되었고 많은 사람의 관광 명소가 되었다고 합니다. 자녀들아 우리가 말과 혀로만 사랑하지 말고 행함과 진실함으로 하자(요일3:18) 내가 너희에게 쓰는 것은 너희가 진리를 알지 못하기 때문이 아니라 알기 때문이요 또 모든 거짓은 진리에서 나지 않기 때문이라(요일2:21) '나를 보내신 이가 나와 함께 하시도다. 나는 항상 그가 기뻐하시는 일을 행함으로 나를 혼자 두지 아니하셨느니라.(요8:29)'

● 십일조

십일조는 바로 "예수 그리스도를 믿는 믿음이며, 주님의 주권을 인정하는 것! 믿음을 보여주는 행함의 한 부분이다. 영혼 없는 몸이 죽은 것같이 행함이 없는 믿음은 죽은 것이니라(약2:26) 믿음의 주요 또 온전하게 하시는 이인 예수를 바라보자 그는 그 앞에 있는 기쁨을 위하여 십자가를 참으사 부끄러움을 개의치 아니하시더니 하나님 보좌 우편에 앉으셨느니라(히12:2) 이튿 날 요한이 예수께서 자기에게 나오심을 보시고 이르되 보라 세상 죄를 지고 가는 하나님의 어린 양이로다.(요1:29) 우리가 마음에 뿌림을 받아 악한 양심으로부터 벗어나고 몸은 맑은 물로 씻음을 받았으니 참 마음과 온전한 믿음으로 하나님께 나아가자(히10:22) 곧 "참 마음과 온전한 믿음이 십일조의 진정한 의미"입니다. 네 것의 10%를 내는 것이라고 착각하지 마라, 아버지의 것 중에서 10%를 드리는 씨앗 값이다. 씨앗과 밭을 거저 주시고 관리까지 해주신 분께 기본은 드려야 하는 것이 아닌가? 그러나, 내고 안내고는 오직 내는 자의 의지에 달려 있다. 왜? "마음을 여는 문의 손잡이는 안쪽"에만 있기 때문이다. 사람이 어찌 하나님의 것을 도둑질하겠느냐, 그러나 너희는 나의 것을 도둑질하고도 말하기를 우리가 어떻게 주님의 것을 도둑질하였나이까 하는도다. 이는 곧 십일조와 봉헌물이라 너희 곧 온 나라가 나의 것을 도둑질하였으므로 너희가 저주를 받았느니라.〈십계명과 율법을 어기고 우상숭배를 한 것도 모자라서 자기의 독생자를 보내셨는데 그조차 십자가에 못 박았음〉만군의 여호와가 이르노라 너희의 온전한 십일조를 창고에 들여 나의 집에 양식이 있게 하고 그것으로 나를 시험하여 내가 하늘 문을 열고 너희에게 복을 쌓을 곳이 없도록 붓지 아니하나 보라.(말라기3:8-10)

너희 안에 이 마음을 품으라 곧 그리스도 예수의 마음이니 그는 근본 하나님의 본체시나 하나님과 동등됨을 취할 것으로 여기지 아니하시고 오히려 자기를 비워 종의 형체를 가지사 사람들과 같이 되셨고 사람의 모양으로 나타나사 자기를 낮추시고 죽기까지 복종하셨으니 곧 십자가에 죽으심이라 이러함으로 하나님이 그를 지극히 높여 모든 이름 위에 뛰어난 이름을 주사 하늘에 있는 자들과 땅에 있는 자들과 땅 아래에 있는 자들로 모든 무릎을 예수의 이름에 꿇게 하시고 모든 입으로 예수 그리스도를 주라 시인하여 하나님 아버지께 영광을 돌리게 하셨느니라. 그러므로 나의 사랑하는 자들아 너희가 나 있을 때뿐 아니라 더욱 지금 나 없을 때에도 항상 복종하여 두렵고 떨림으로 너희 구원을 이루라 너희 안에서 행하시는 이는 하나님이시니 자기의 기쁘신 뜻을 위하여 너희에게 소원을 두고 행하게 하시나니 모든 일을 원망과 시비가 없이 하라(빌2:5-14) 화 있을진저 외식하는 서기관들과 바리새인들이여 너희가 박하와 회향과 근채의 십일조는 드리되 율법의 더 중한바 정의와 긍휼과 믿음은 버렸도다. 그러나 이것도 행하고 저것도 버리지 말아야할지니라(마23:23)=〈화 있을진저 너희 바리새인이여 너희가 박하와 운향과 모든 채소의 십일조는 드리되 공의와 하나님께 대한 사랑은 버리는도다 그러나 이것도 행하고 저것도 버리지 말아야할지니라.(눅11:42)〉 아브라함이 모든 것의 십분의 일을 그에게 나누어 주니라 그 이름을 해석하면 먼저는 의의 왕이요 그다음은 살렘 왕이니 곧 평강의 왕이요(히7:2) 이 사람이 얼마나 높은가를 생각해 보라 조상 아브라함도 노략물 중 십분의 일을 그에게 주었느니라(히7:4) 또한 십분의 일을 받는 레위도 아브라함으로 말미암아 십분의 일을 바쳤다고 할 수 있나니 이는 멜기세덱이 아브라함을 만날 때에 레위는 이미 자기 조상의 허리에 있었음이라.(히7:9-10) 크도다 경건의 비밀이여, 그렇지 않다 하는 이 없도다 그는 육신으로 나타난바 되시고 영으로 의롭다 하심을 받으시고 천사들에게 보이시고

만국에서 전파되시고 세상에서 믿은바 되시고 영광 가운데서 올려지셨느니라.(딤전3:16)

● 늦깎이 인생의 축복

내 인생의 과거 문제를 일간지에 주홍글씨(인간을 얽매는 굴레)로 도배할 때에, 그 누군가는 '70살'이 가까운 너는 영원히 대학을 졸업할 수 없는 놈이라고, 사각 모자와 검정 가운을 입은 뒷모습에 "빨간 색으로 엑스 표"를 해서 인터넷에 낙인찍어 놓은 모습을 볼 수가 있었다. 그것은 진정 저주의 낙인이었을까? 정확히 "내 나이 67세 8개월 이었다." 그래서 고등학교 교제를 구입해서, 6개월 동안을 독학했다. 그리고 다음해 4월에 고졸검정고시에 응시하여 5월에 합격통지서를 받았는데, "7과목의 평균 점수가(92.18)"이었다. 더욱더 놀란 것은 고등학교 2학년 1학기에 자퇴 후 '50년이 지났는데도 수학문제'를 풀 수가 있었다. 그렇게 그 해 8월에 "한국방송통신대학교에 입학하여, 한 학기당 7과목을 신청하여 49과목 평균 A학점(조기졸업 요건)을 충족시켜서 71세에 조기졸업"을 했는데, 그 비용이 책값을 포함해서 '100여만 원'으로 마무리할 수 있었다.(물론 장학금을 많이 받았다) "참 고마운 대학교였다." 하나님을 믿으면 이렇게 공부를 잘하게 해 주실 줄 알았더라면 진작 믿었을 텐데 …… 내가 과거에 학교를 진학을 하지 않은 것은 "졸업장은 돈을 냈다는 영수증"일 뿐, 그 이상도 그 이하도 아니라고 생각했기 때문이다. 이 모든 것이 그리스도 예수 안에서 나를 향하신 하나님의 뜻이요 주신 능력이며 사랑이라고 생각한다. 인생의 한 페이지를 넘기면서 오는 근심과 통증들! "근심과 고난"의 원인을 알 수 없을 때에는 "하나님의 뜻"이라 돌리고 사는 것이 '믿음의 길'이라 확신합니다. '하나님의 뜻대로 하는 근심은 후회할 것이 없는 구원에 이르게 하는 회개를 이루는 것'이요 세상근심은 사망을 이루는 것이니라.(고후7:10) 그러므로 '하나님의 뜻대로 고난'을 받는 자들은 또한 선을 행하는 가운데에 그 영혼을 미쁘신 창조주께 의탁할지어다.(벧전4:19) 사람이 감당할 시험밖에는 너희가 당한 것이 없나니 오직 하나님은 미쁘사 너희가 감당하지 못할 시험 당함을 허락하지 아니하시고 시험 당할 즈음에 또한 피할 길을 내사 너희로 능히 감당하게 하시느니라.(고전10:13) 너희를 박해하는 자를 축복하라 축복하고 저주하지 말라(롬12:14) 입법자와 재판관은 오직 한 분이시니 능히 구원하기도 하시며 멸하기도 하시느니라. 너는 누구이기에 이웃을 판단하느냐(약4:12) 너는 내일 일을 자랑하지 말라 하루 동안에 무슨 일이 일어날는지 네가 알 수 없음이라(잠27:1) 내 사랑하는 자들아 너희가 친히 원수를 갚지 말고 하나님의 진노하심에 맡기라 기록되었으되 원수 갚는 것이 내게 있으니 내가 갚으리라고 주께서 말씀하시니라(롬12:19) 너는 악을 갚겠다 말하지 말고 여호와를 기다리라 그가 너를 구원하시리라(잠20:22)

● **미술가 리버맨(미국의 샤갈)과 미국의 조지 도슨(인생은 아름다워)**
미국의 어느 노인클럽에 한 자원 봉사자가 찾아와서 '77세에 은퇴한 리버맨에게 물었다. "그냥 앉아 계시지 말고 미술실에서 그림을 그리시는 게 어떠세요?" "나더러 그림을 그리라고?" 그것이 계기가 되어 그는 81세가 돼서 본격적으로 그림 공부를 시작했는데, 풍부한 인생 경험을 바탕으로 깊고 성숙한 그림을 그리며, 미술계에서도 그의 천재성을 인정받게 된다. "101살의 나이에 22번째 전시회"를 마지막으로 생을 마쳤다고한다. 그림은 그의 인생2막을 아름답게 장식해 주었고, 그가 바로 "미국의 샤갈"이라고 불리는 '리버맨'이다 "몇 년이나 더 살 수 있을까를 생각하지 말고, 내가 어떤 일을 더 할 수 있을지를 생각하세요"(해리 리버맨)
● 미국 뉴올리언스 가난한 흑인 가정에 10형제의 맏아들로 태어난 조지 도슨은 성인이 될 때까지 글씨를 배우지 못했고 문맹이라는 사실을 숨기기 위해 거리의 표지판부터 모든 것을 외우며 살았다. 얼마나 노력했던지 자녀가 성장해서도 아버지가 문맹이라는 사실을 몰랐을 정도였다. 그렇게 도슨은 미국과 캐나다와 멕시코까지 오가며 치열하게 살다가 나이가 들어 고향으로 돌아와 지내는데 그가 98세 되던

어느 날 인근 학교에서 성인들을 위해 글을 가르치는 교실이 생겼다는 소식을 듣고 달려가서 공부를 시작하여 101세에 "인생은 아름다워"라는 자서전을 출간하여 전 세계에 따뜻한 울림을 주었다. 인생길을 막는 것은 나이가 아니라 마음속에 간직한 부정적인 한 생각이었다. 자신에게 물어보라, 지금 나는 무엇을 준비하고 있으며, 과연 꿈은 꾸고 있는가? 아침과 저녁 사이에 부스러져 가루가 되며 영원히 사라지되 기억하는 자가 없으리라.(욥기4:20) 모든 생물의 생명과 모든 사람의 육신의 목숨이 다 그의 손에 있느니라(욥기12:10), 사람이 장래 일을 알지 못하나니 장래 일을 가르칠 자가 누구이랴(전도서8:7), 진실로 생명의 원천이 주께 있사오니 주의 빛 안에서 우리가 빛을 보리이다.(시편36:9) 하나님은 나를 돕는 이시며 주께서는 내 생명을 붙들어 주시는 이시니이다.(시편54:4)

※ 내가 3번의 사형선고를 받고도 이 글을 쓰고 있는 것을 보면 사람의 목숨은 결코 의사의 말에 있지 않더라.
※ 다시 말하지만, 확신을 가지고 믿어라!
너희는 믿음 안에 있는가 너희 자신을 시험하고 너희 자신을 확증하라 예수 그리스도께서 너희 안에 계신 줄을 너희가 스스로 알지 못하느냐 그렇지 않으면 너희는 버림 받은 자니라.(고후13:5)

4장 믿음과 불신의 구별되는 삶

한번 죽는 것은 사람에게 정해진 것이요 그 후에는 심판이 있으리니 이와 같이 그리스도도 많은 사람의 죄를 담당하시려고 단번에 드리신바 되셨고 구원에 이르게 하기 위하여 죄와 상관없이 자기를 바라는 자들에게 두 번째 나타나시리라.(히9:27-28)

※ 하나님의 존재를 부인하며 이생의 죽음이 끝이라고 생각하는 사람. (불신지옥)
※ 하나님의 존재와 영생이 있다고 믿는 믿음의 삶을 사는 사람. (예수천국)

** 누가 묻기를 죽은 자들이 어떻게 다시 살아나며 어떠한 몸으로 오느냐 하리니 어리석은 자여 네가 뿌리는 씨가 죽지 않으면 살아나지 못하겠고 [한 알의 밀이 땅에 떨어져 죽지 아니하면 한 알 그대로 있고 죽으면 많은 열매를 맺느니라(요12:24)] 또 네가 뿌리는 것은 장래의 형체를 뿌리는 것이 아니요 다만 밀이나 다른 것의 알맹이뿐이로되 하나님이 그 뜻대로 그에게 형체를 주시되 각 종자에게 그 형체를 주시느니라.(고전15:35-38) 죽은 자의 부활도 그와

같으니 썩을 것으로 심고 썩지 아니할 것으로 다시 살아나며 욕된 것으로 심고 영광스러운 것으로 다시 살아나며 약한 것으로 심고 강한 것으로 다시 살아나며 육의 몸으로 심고 신령한 몸으로 다시 살아나니 육의 몸이 있은즉 또 영의 몸도 있느니라.(고전15:42-44) 만일 죽은 자가 다시 살아나는 일이 없으면 그리스도도 살아나신 일이 없었을 터이요 그리스도께서 다시 살아나신 일이 없으면 너희 믿음도 헛되고 너희가 여전히 죄 가운데 있을 것이요 또한 그리스도 안에서 잠자는 자도 망하였으리니 만일 그리스도 안에서 우리가 바라는 것이 다만 이 세상의 삶뿐이면 모든 사람 가운데 우리가 더욱 불쌍한 자이리라 그러나 이제 그리스도께서 죽은 자 가운데서 다시 살아나사 잠자는 자들의 첫 열매가 되셨도다.(고전15:16-20) 살리는 것은 영이요 육은 무익하니 내가 너희에게 이르는 말은 영이요 생명이라 그러나 너희 중에 믿지 아니하는 자들이 있느니라(요6:63-64) 내가 진실로 진실로 너희에게 이르노니 내 말을 듣고 또 나 보내신 이를 믿는 자는 영생을 얻었고 심판에 이르지 아니하나니 사망에서 생명으로 옮겼느니라.(요5:24) 그가 우리에게 약속하신 것은 이것이니 곧 영원한 생명이니라.(요일2:25) 예수께서 이르시되 나는 부활이요 생명이니 나를 믿는 자는 죽어도 살겠고 무릇 살아서 믿는 자는 영원히 죽지 아니하리니 이것을 네가 믿느냐.(요11:25-26)

4장에서 드리는 교훈

- 부자와 천국(하나님의 뜻이 머무는 곳)
- 불치하문   • 선택   • 주님의 쓰임   • 시련

● 부자와 천국(하나님의 뜻이 머무는 곳)

망령되고 허탄한 신화를 버리고 경건에 이르도록 네 자신을 연단하라 육체의 연단은 약간의 유익이 있으나 경건은 범사에 유익하니 금생과 내생의 약속이 있느니라.(딤전4:7-8) 이를 위하여 우리가 수고하고 힘쓰는 것은 우리 소망을 살아 계신 하나님께 둠이니 곧 모든 사람 특히 믿는 자들의 구주시라.(딤전4:10) 물은 아무리 위로 던져도 다시 떨어진다. 그러나 수증기가 되면 스스로 올라간다. 즉, 가진 것을 놓을 때만 가능하다. 낙타가 바늘귀로 들어가는 것이 부자가 하나님의 나라에 들어가는 것보다 쉬우니라 하시니(눅18:25) 그러나 네가 마음에 이르기를 네 능력과 네 손의 힘으로 내가 이 재물을 얻었다 말할 것이라 네 하나님 여호와를 기억하라 그가 네게 재물 얻을 능력을 주셨음이라(신8:17-18) 이 사람은 하나님을 자기 힘으로 삼지 아니하고 오직 자기 재물의 풍부함을 의지하며 자기의 악으로 스스로 든든하게 하던 자라 하리로다(시편52:7), 너희가 하나님과 재물을 겸하여 섬기지 못하느니라.(마태복음6:24) 예수께서 이르시되 네가 온전하고자 할진대 가서 네 소유를

팔아 가난한 자들에게 주라 그리하면 하늘에서 보화가 네게 있으리라. 그리고 와서 나를 따르라 하시니 그 청년이 재물이 많음으로 이 말씀을 듣고 근심하며 가니라(마19:21-22) 가시떨기에 뿌려졌다는 것은 말씀을 들으나 세상의 염려와 재물의 유혹에 말씀이 막혀 결실하지 못하는 자요, 좋은 땅에 뿌려졌다는 것은 말씀을 듣고 깨닫는 자니 결실하여 어떤 것은 백 배, 어떤 것은 육십 배, 어떤 것은 삼십 배가 되느니라 하시니라(마13:22-23) 또 내 이름을 위하여 집이나 형제나 자매나 부모나 자식이나 전토를 버린 자마다 여러 배로 받고 또 영생을 상속하리라. 그러나 먼저 된 자로서 나중 되고 나중 된 자로서 먼저 될 자가 많으니라.(마19:29-30) 재물에 애착을 가진 자는 죽는 순간까지도 쥔 주먹을 펴지 못하고 죽는다. 삼가 모든 탐심을 물리치라 사람의 생명이 그 소유의 넉넉한 데 있지 아니하니라.(눅12:15) 그가 죽음에 가져가는 것이 없고 그의 영광이 그를 따라 내려가지 못함이로다. 그가 비록 생시에 자기를 축하하며 스스로 좋게 함으로 사람들에게 칭찬을 받을지라도 그들은 그들의 역대 조상들에게로 돌아가리니 영원히 빛을 보지 못하리로다. 존귀하나 깨닫지 못하는 사람은 멸망하는 짐승 같도다.(시편49:17-20) 그들의 마침은 멸망이요 그들의 신은 배요 그 영광은 그들의 부끄러움에 있고 땅의 일 생각하는 자라. 그러나 우리의 시민권은 하늘에 있는지라 거기로부터 구원하는 자 곧 주 예수 그리스도를 기다리노니 그는 만물을 자기에게 복종하게 하실 수 있는 자의 역사로 우리의 낮은 몸을 자기 영광의 몸의 형체와 같이 변하게 하시리라.(빌3:19-21) 재물은 진노하시는 날에 무익하나 공의는 죽음에서 건지느니라.(잠11:4) 악한 일에 관한 징벌이 속히 실행되지 아니하므로 인생들이 악을 행하는 데에 마음이 담대하도다.(전8:11) 그러나 나를 잃는 자는 자기의 영혼을 해하는 자라 나를 미워하는 자는 사망을 사랑하느니라.(잠8:36) 하나님의 은사와 부르심에는 후회하심이 없느니라.(롬11:29) 가난한 자를 불쌍히 여기는 것은 여호와께 꾸어드리는 것이니 그의 선행을 그에게 갚아 주시리라.(잠19:17) 어떤 사람은 그의 영혼이 바라는 모든 소원에 부족함이 없어 재물과 부요와 존귀를 하나님께 받았으나 하나님께서 그가 그것을 누리도록 허락하지 아니하셨으므로 다른 사람이 누리나니 이것도 헛되어 악한 병이로다.(전6:2) 네 헛된 평생의 모든 날 곧 하나님이 해 아래에서 네게 주신 모든 헛된 날에 네가 사랑하는 아내와 함께 즐겁게 살지어다. 그것이 네가 평생에 해 아래서 수고하고 얻은 네 몫이니라.(전9:9) 사람이 장래 일을 알지 못하나니 장래 일을 가르칠 자가 누구이랴(전8:7) 여호와를 경외하는 것이 지혜의 근본이요 거룩하신 자를 아는 것이 명철이니라.(잠9:10) 제자들의 마음을 굳게 하여 이 믿음에 머물러 있으라 권하고 또 우리가 하나님의 나라에 들어가려면 많은 환난을 겪어야 할 것이라 하고(행14:22) 무릇 그리스도 예수 안에서 경건하게 살고자 하는 자는 박해를 받으리라.(딤후3:12) 의를 위하여 박해를 받는 자는 복이 있나니 천국이 그들의 것임이라(마5:10) "나더러 주여 주여 하는 자마다 천국에 들어갈 것이 아니요 다만 하늘에 계신 내 아버지의 뜻대로 행하는 자라야 들어가리라.(마7:21) 하나님의 뜻은 이것이니 너희의 거룩함이라(살전4:3) 이 뜻을 따라 예수 그리스도의 몸을 단번에 드리심으로 말미암아 우리가 거룩함을 얻었노라.(히10:10)"

● 불치하문(不恥下問)

아랫사람에게 묻는 것을 부끄러워하지 않는다는 뜻.

"마음을 같이하여 같은 사랑을 가지며 뜻을 합하여 한 마음을 품어 아무 일에든지 다툼이나 허영으로 하지 말고 오직 겸손한 마음으로 각각 자기보다 남을 낫게 여기고 각각 자기 일을 돌볼 뿐더러 또한 각각 다른 사람들의 일을 돌보아 나의 기쁨을 충만하게 하라(빌2:2-4)" 이같이 한즉 하늘에 계신 너희 아버지의 아들이 되리니 이는 하나님이 그 해를 악인과 선인에게 비추시며 비를 의로운 자와 불의한 자에게 내려주심이라(마5:45) 온갖 좋은 은사와 온전한 선물이 다 위로부터 빛들의 아버지께로부터 내려오나니 그는 변함도 없으시고 회전하는 그림자도 없으시니라(약1:17) 오직 위로부터 난 지혜는 첫째 성결하고 다음에 화평하고 관용하고 양순하며 긍휼과 선한 열매가 가득하고 편견과 거짓이 없나니 화평하게 하는 자들은 화평으로 심어 의의 열매를 거두느니라.(약3:17-18)

① 교회 분쟁 : 청년집사, 평신도 등에게 자문을 구하면 가장 깨끗한 답이 있다.
② 회사 분쟁 : 말단 세일즈맨, 젊은 주부사원, 젊은 회계 담당 등에게 물어라.
③ 가정 분쟁 : 자녀와 절친한 친구에게 자문하라. 너희는 모든 악독과 노함과 분냄과 떠드는 것과 비방하는 것을 모든 악의와 함께 버리고(엡4:31), 누가 누구에게 불만이 있거든 서로 용납하여 피차 용서하되 주께서 너희를 용서하신 것같이 너희도 그리하고 이 모든 것 위에 사랑을 더하라 이는 온전하게 매는 띠니라.(골3:13-14) 오직 사랑으로 서로 종 노릇 하라(갈5:13) 빛의 열매는 모든 착함과 의로움과 진실함에 있느니라.(엡5:9) 그런즉 너희는 먼저 그의 나라와 그의 의를 구하라 그리하면 이 모든 것을 너희에게 더하시리라(마6:33)

● **선택**

만일 하늘에서 주신 바 아니면 사람이 아무 것도 받을 수 없느니라.(요3:27) 어느 신학교 교수께서 졸업을 앞둔 제자들을 데리고 사과 과수원에 갔다. 제자들을 정문에 집합시키고는 과수원에 들어가서 '자네들 마음에 드는 사과 "한 개"씩만 따가지고 후문으로 집합하는데, 한번 지나가면 다시 돌아설 수 없고, 한 개를 딴 사람은 아무리 좋은 사과를 발견해도 다시 딸 수가 없다는 사실을 명심하고 선택을 하게나!' 잠시 후에 후문에 모인 제자들에게 "만족하는가?" 대답이 없었다. '아니, 제군들이 선택하지 않았는가?' 잠시 후에 한 제자가 말했다. "저는 처음 본 사과가 제일 크고 좋았는데 그걸 못 땄습니다." 또 다른 제자가 "저는 나중에 본 사과가 정말 좋았는데, 처음 본 것을 따서 다시 딸 수가 없었습니다." 교수께서 말씀하셨습니다.

"이것이 우리 나그네들의 '선택'이다. 한번 선택한 그 결과는 오직 그 선택한 사람의 몫이다. 사람들의 마음 속엔 두 마리의 늑대가 살고 있습니다. 한 마리는 순한 늑대이고 또 한 마리는 사나운 늑대인데 여러분은 어떤 늑대가 이기리라 생각하십니까? 답은 간단합니다. 여러분이 밥 주는 "선택한" 놈이 이기지요! 오늘의 나도 바로 내가 선택한 '결과물'이다. 누굴 원망하겠는가? 특히 '감성으로 결정한 선택'은 평생 후회를 남긴다." 그러나 '후회하지 않는 유일한 방법'이 있다. "기도하고 구하라! 전능자에게 물었거늘 무슨 후회가 있겠는가?" 너희가 기도할 때에 무엇이든지 믿고 구하는 것은 다 받으리라 하시니라(마태복음21:22), 그러므로 내가 너희에게 말하노니 무엇이든지 기도하고 구하는 것은 받은 줄로 믿으라. 그리하면 너희에게 그대로 되리라(마가복음11:24) 어떤 길은 사람이 보기에 바르나 필경은 사망의 길이니라(잠16:25) 너는 범사에 그를 인정하라 그리하면 네 길을 지도하시리라.(잠3:6) 너는 마음을 다하여 여호와를 신뢰하고 네 명철을 의지하지 말라(잠3:5) 이르시되 "아버지여 만일 아버지의 뜻이거든 이 잔을 내게서 옮기시옵소서. 그러나 내 원대로 마시옵고 아버지의 원대로" 되시기를 원하나이다.(눅22:42) 하나님이 보내신 이는 하나님의 말씀을 하나니 이는 하나님이 성령을 한량없이 주심이니라.(요3:34)
※ 십자기 죽음을 앞에 두고서 예수님의 가장 위대한 선택 : 믿음의 주요 또 온전하게 하시는 이인 예수를 바라보자 그는 그 앞에 있는 기쁨을 위하여 십자가를 참으사 부끄러움을 개의치 아니하시더니 하나님 보좌 우편에 앉으셨느니라.(히12:2)

● 주님의 쓰임

여호와께서는 온갖 것을 그 쓰임에 적당하게 지으셨나니 악인도 악한 날에 적당하게 하셨느니라.(잠16:4) 악인은 재난의 날을 위하여 남겨둔 바 되었고 진노의 날을 향하여 끌려가느니라(욥21:30) 이는 악인이 하나님께 받을 분깃이요 하나님이 그에게 정하신 기업이라.(욥20:29)

큰 집에는 금 그릇과 은 그릇 뿐 아니라 나무 그릇과 질그릇도 있어 귀하게 쓰는 것도 있고 천하게 쓰는 것도 있나니 그러므로 누구든지 이런 것에서 자기를 깨끗하게 하면 귀히 쓰는 그릇이 되어 거룩하고 주인의 쓰심에 합당하여 모든 선한 일의 준비함이 되리라(딤후2:20-21)

최첨단 과학시대를 살아가는 인간이 자연 위에 군림하는 것 같이 기고만장했지만, 결국엔 눈에 보이지 않는 미세한 바이러스(코로나19)에게 많은 사람이 죽음을 당하는 모습을 보면서 자연 속의 연약한 생명체에 불과하다는 것과 물질만능주의가 세상을 지배한다지만, 결국엔 허무한 종지부를 찍는 현실, 사람은 헛것 같고 그의 날은 지나가는 그림자 같으니이다.(시144:4) "태어나려는 자는 하나의 세계를 파괴해야 한다."(소설, 데미안) 만물의 주인이신 "주님의 쓰임"을 받아 영생 길을 가는 복된 삶을 간구하라! 여호와의 계획은 영원히 서고 그의 생각은 대대에 이르리로다.(시33:11) 너는 이것을 알라 말세에 고통하는 때가 이르러 사람들이 자기를 사랑하며 돈을 사랑하며 자랑하며 교만하며 비방하며 부모를 거역하며 감사하지 아니하며 거룩하지 아니하며 무정하며 원통함을 풀지 아니하며 모함하며 절제하지 못하며 사나우며 선한 것을 좋아하지 아니하며 배신하며 조급하며 자만하며 쾌락을 사랑하기를 하나님 사랑하는 것보다 더하며 경건의 모양은 있으나 경건의 능력은 부인하니 이같은 자들에게서 네가 돌아서라.(딤후3:1-5) 그는 육신으로 계실 때에 자기를 죽음에서 능히 구원하실 이에게 심한 통곡과 눈물로 간구와 소원을 올렸고 그의 경건하심으로 말미암아 들으심을 얻었느니라.(히5:7) 크도다 경건의 비밀이여, 그렇지 않다 하는 이 없도다. 그는 육신으로 나타난바 되시고 영으로 의롭다 하심을 받으시고 천사들에게 보이시고 만국에서 전파되시고 세상에서 믿은바 되시고 영광 가운데서 올려지셨느니라(딤전3:16) 하나님 아버지 앞에서 정결하고 더러움이 없는 '경건'은 곧 고아와 과부를 그 환난 중에 돌보고 또 자기를 지켜 세속에 물들지 아니하는 그것이니라.(약1:27) 이 세상이나 세상에 있는 것들을 사랑하지 말라 누구든지 세상을 사랑하면 아버지의 사랑이 그 안에 있지 아니하니 이는 세상에 있는 모든 것이 육신의 정욕과 안목의 정욕과 이생의 자랑이니 다 아버지께로부터 온 것이 아니요 세상으로부터 온 것이라 이 세상도, 그 정욕도 지나가되 오직 하나님의 뜻을 행하는 자는 영원히 거하느니라.(요일2:15-17)

토기장이가 진흙 한 덩이로 하나는 귀히 쓸 그릇을, 하나는 천히 쓸 그릇을 만들 권한이 없느냐.(롬9:21)

질그릇 조각 중 한 조각 같은 자가 자기를 지으신 이와 더불어 다툴진대 화 있을진저 진흙이 토기장이에게 너는 무엇을 만드느냐 또는 네가 만든 것이 그는 손이 없다 말할 수 있겠느냐.(사45:9) 여호와의 말씀이니라. 이스라엘 족속아 이 토기장이가 하는 것같이 내가 능히 너희에게 행하지 못하겠느냐 이스라엘 족속아 진흙이 토기장이의 손에 있음같이 너희가 내 손에 있느니라.(렘18:6)

우리는 세탁소에 있는 옷걸이같이 어떤 옷을 입혀 주시든지 그저 감사함으로 맞이하며, '주님의 것이라는 사실에 자긍심'을 갖고 살자. 우리가 살아도 주를 위하여 살고 죽어도 주를 위하여 죽나니 그러므로 사나 죽으나 우리가 주의 것이로다.(로마서14:8) 너희는 그리스도의 것이요 그리스도는 하나님의 것이니라.(고전3:23) 인생길에서 "재물도, 영광도" 잠시 보관자일 뿐이다. "그가 죽음에 가져가는 것이 없고 그의 영광이 그를 따라 내려가지 못함이로다."(시편49:17) 그가 모태에서 벌거벗고 나왔은즉 그가 나온 대로 돌아가고 수고하여 얻은 것을 아무것도 자기 손에 가지고 가지 못하리니.(전도서5:15) 오직 우리 성도들은 "하나님의 세마포 옷을 사모"하자 그에게 빛나고 깨끗한 세마포 옷을 입도록 허락하셨으니 이 세마포 옷은 '성도들의 옳은 행실'이로다 하더라.(요한계시록19:8) 우리 주 하나님이여 영광과 존귀와 권능을 받으시는 것이 합당하오니 주께서 만물을 지으신지라 만물이 주의 뜻대로 있었고 또 지으심을 받았나이다 하더라(계4:11) 오직 주는 여호와시라 하늘과 하늘들의 하늘과 일월성신과 땅과 땅 위의 만물과 바다와 그 가운데 모든 것을 지으시고 다 보존하시오니 모든 천군이 주께 경배하나이다.(느9:6)

주의 의는 하나님의 산들과 같고 주의 심판은 큰 바다와 같으니이다 여호와여 주는 사람과 짐승을 구하여 주시나이다.(시36:6) 심히 교만한 말을 다시 하지 말 것이며 오만한 말을 너희 입에서 내지 말지어다. 여호와는 지식의 하나님이시라 행동을 달아 보시느니라.(삼상2:3) 깊도다 하나님의 지혜와 지식의 풍성함이여 그의 판단은 헤아리지 못할 것이며 그의 길은 찾지 못할 것이로다.(롬11:33)

● 시련

시험을 참는 자는 복이 있나니 이는 시련을 견디어 낸 자가 주께서 자기를 사랑하는 자들에게 약속하신 생명의 면류관을 얻을 것이기 때문이라.(약1:12) 울며 씨를 뿌리러 나가는 자는 반드시 기쁨으로 그 곡식 단을 가지고 돌아오리로다.(시126:6) 시련은 시험에 대한 객관적이고 중립적인 표현이며 이것을 죄와 결부시켜 개인의 삶에 적용할 때에 시련이라고 본다.(존 오웬) 하나님을 가까이하라 그리하면 너희를 가까이하시리라 죄인들아 손을 깨끗이 하라 두 마음을 품은 자들아 마음을 성결하게 하라(약4:8) 오직 위로부터 난 지혜는 첫째 성결하고 다음에 화평하고 관용하고 양순하며 긍휼과 선한 열매가 가득하고 편견과 거짓이 없나니 화평하게 하는 자들은 화평으로 심어 의의 열매를 거두느니라.(약3:17-18) 단단한 식물은 장성한 자의 것이니 저희는 지각을 사용하므로 연단을 받아 선악을 분변하는 자들이니라.(히5:14) 너희 믿음의 확실함은 불로 연단하여도 없어질 금보다 더 귀하여 예수 그리스도께서 나타나실 때에 칭찬과 영광과 존귀를 얻게 할 것이니라.(벧전1:7)

소망이 우리를 부끄럽게 하지 아니함은 우리에게 주신 성령으로 말미암아 하나님의 사랑이 우리 마음에 부은바 됨이니 우리가 아직 연약할 때에 기약대로 그리스도께서 경건하지 않은 자를 위하여 죽으셨도다.(롬5:5-6) 시련은 하나님이 특정인에게 "사명"을 주시기 전에 먼저 그의 영, 육간에 연단을 통해서 거듭나게 하시는 인생의 훈련과정일 뿐이다. 너희는 세상에서는 너희가 환난을 당하나 담대하라 내가 세상을 이기었노라. 우리가 가야할 길은 "오직, 예수만을 믿는 믿음의 길"이라는 확신을 가질 수 있다면 시련이 클수록 상급도 클 것이다. 내가 이미 얻었다 함도 아니요 온전히 이루었다 함도 아니라 오직 내가 그리스도 예수께 잡힌바 된 그것을 잡으려고 달려가노라 형제들아 나는 아직 내가 잡은 줄로 여기지 아니하고 오직 한 일 즉 뒤에 있는 것은 잊어버리고 앞에 있는 것을 잡으려고 푯대를 향하여 그리스도 예수 안에서 하나님이 위에서 부르신 부름의 상을 위하여 달려가노라.(빌3:12:14) 우리를 때로 절망하게 하는 것은 절망이 아니라 우리가 무심코 지나친 "가능성을 깨닫게"하는 것이다. 인생길에 어떤 '황당한 일이 생겼을 때에도 좌절하거나 실망하지 말라!' 이 좌절이 훗날에 멋진 반전이 되어줄 것이다. 우리는 우리 자신이 사형 선고를 받은 줄 알았으니 이는 우리로 자기를 의지하지 말고 오직 "죽은 자를 다시 살리시는 하나님"만 의지하게 하심이라 그가 이같이 큰 사망에서 우리를 건지셨고 또 건지실 것이며 이 후에도 건지시기를 그에게 바라노라(고후1:9-10) 우리 인생의 반전 드라마는 지금도 진행 중이다. '내 인생의 시련은 그리스도인으로 거듭나는 디딤돌이요 기회'였다 또한 그로 말미암아 우리가 믿음으로 서 있는 이 은혜에 들어감을 얻었으며 하나님의 영광을 바라고 즐거워하노라 다만 이뿐 아니라 우리가 환난 중에도 즐거워하나니 이는 환난은 인내를, 인내는 연단을, 연단은 소망을 이루는 줄 앎이로다.(롬5:2-4) 모든 은혜의 하나님 곧 그리스도 안에서 너희를 부르사 자기의 영원한 영광에 들어가게 하신 이가 잠깐 고난을 당한 너희를 친히 온전하게 하시며 굳건하게 하시며 강하게 하시며 터를 견고하게 하시리라(벧전5:10) 고난당한 것이 내게 유익이라 이로 말미암아 내가 주의 율례들

을 배우게 되었나이다.(시119:71)

주의 법이 나의 즐거움이 되지 아니하였더라면 내가 내 고난 중에 멸망하였으리이다.(시119:92) 도가니는 은을, 풀무는 금을 연단하거니와 여호와는 마음을 연단하시느니라(잠17:3) 네 짐을 여호와께 맡기라 그가 너를 붙드시고 의인의 요동함을 영원히 허락하지 아니하시리로다(시55:22)

5장 믿는 자의 인내하는 삶

5장에서 드리는 교훈

- 믿음과 인내
- 나는 누구인가?
- 꿈의 크기만큼 성장한다.
- 기도
- 증오

● 믿음과 인내

주께서 너희 마음을 인도하여 하나님의 사랑과 그리스도의 인내에 들어가게 하시기를 원하노라.(살후3:5) 성도들의 인내가 여기 있나니 그들은 하나님의 계명과 예수에 대한 믿음을 지키는 자니라.(계14:12) ※ 죽임을 당한 어린양의 생명책에 창세 이후로 이름이 기록되지 못하고 이 땅에 사는 자들은 다 그 짐승에게 경배하리라 누구든지 귀가 있거든 들을지어다. 사로잡힐 자는 사로잡혀 갈 것이요 칼에 죽을 자는 마땅히 칼에 죽을 것이니 성도들의 인내와 믿음이 여기 있느니라.(계13:8-10) 이는 하나님의 사람으로 온전하게 하며 모든 선한 일을 행할 능력을 갖추게 하려 함이라.(딤후3:17) 보라 인내하는 자를 우리가 복되다 하나니 너희가 욥의 인내를 들었고 주께서 주신 결말을 보았거니와 주는 가장 자비하시고 긍휼히 여기시는 이시니라.(약5:11) 믿음으로 노아는 아직 보이지 않는 일에 경고하심을 받아 경외함으로 방주를 준비하여 그 집을 구원하였으며 이로 말미암아 세상을 정죄하고 믿음을 따르는 의의 상속자가 되었느니라.(히11:7) 믿음으로 모세는 장성하여 바로 공주의 아들이라 칭함 받기를 거절하고 도리어 하나님의 백성과 함께 고난 받기를 잠시 죄악의 낙을 누리는 것보다 더 좋아하고 그리스도를 위하여 받는 수모를 애굽의 모든 보화보다 더 큰 재물로 여겼으니 이는 상 주심을 바라봄이라(히11:24-26) 또 어떤 이들은 조롱과 채찍질뿐 아니라 결박과 옥에 갇히는 시련도 받았으며 돌로 치는 것과 톱으로 켜는 것과 시험과 칼로 죽임을 당하고 양과 염소의 가죽을 입고 유리하여 궁핍과 환난과 학대를 받았으니 (이런 사람은 세상이 감당하지 못하느니라) 그들이 광야와 산과 동굴과 토굴에 유리하였느니라.(히11:36-38) 형제들아 주의 이름으로 말한 선지자들을 고난과 오래 참음의 본으로 삼으라(약5:10) 복음에는 하나님의 의가 나타나서 믿음으로 믿음에 이르게 하나니 기록된바 오직 의인은 믿음으로 말미암아 살리라 함과 같으니라(롬1:17) 그가 아들이시면서도 받으신 고난으로 순종함을 배워서(히5:8) 사람의 모양으로 나타나사 자기를 낮추시고 죽기까지 복종하셨으니 곧 십자가에 죽으심이라.(빌2:8) 믿음의 주요 또 온전하게 하시는 이인 예수를 바라보자 그는 그 앞에 있는 기쁨을 위하여 십자가를 참으사 부끄러움을 개의치 아니하시더니 하나님 보좌 우편에 앉으셨느니라.(히12:2) 온전하게 되셨은즉 자기에게 순종하는 모든 자에게 영원한 구원의 근원이 되시고 하나님께 멜기세덱의 반차를 따라 대제사장이라는 칭하심을 받으셨느니라.(히5:9-10) 너희도 길이 참고 마음을 굳건하게 하라 주의 강림이 가까우니라.(약5:8)

그가 백세나 되어 자기 몸이 죽은 것 같고 사라의 태가 죽은 것 같음을 알고도 믿음이 약하여지지 아니하고 [믿음으로 사라 자신도 나이가 많아 단산 하였으나 잉태할 수 있는 힘을 얻었으니 이는 약속하신 이를 미쁘신 줄 알았음이라 이러므로 죽은 자와 같은 한 사람으로 말미암아 하늘의 허다한 별과 또 해변의 무수한 모래와 같이 많은 후손이 생육하였느니라(히11:11-12)] 믿음이 없어 하나님의 약속을 의심하지 않고 믿음으로 견고하여져서 하나님께 영광을 돌리며 약속하신 그것을 또한 이루실 줄을 확신하였으니 그러므로 그것이 그에게 의로(창15:6) 여겨졌느니라. 그에게 의로 여겨졌다 기록된 것은 아브라함만 위한 것이 아니요 의로 여기심을 받은 우리도 위함이니 곧 예수 우리 주를 죽은 자 가운데서 살리신 이를 믿는 자니라.(롬4:19-24) 우리가 다 하나님의 아들을 믿는(마음) 것과 아는(생각) 일에 하나가 되어 온전한 사람을 이루어 그리스도의 장성한 분량이 충만한 데까지 이르리니(엡4:13) 믿음의 결국 곧 영혼의 구원을 받음이라(벧전1:9) 그러므로 너희 마음의 허리를 동이고 근신하여 예수 그리스도께서 나타나실 때에 너희에게 가져다주실 은혜를 온전히 바랄지어다.(벧전1:13)

● 꿈의 크기만큼 성장한다

야곱의 하나님을 자기의 도움으로 삼으며 여호와 자기 하나님에게 자기의 소망을 두는 자는 복이 있도다.(시146:5) 또 여호와를 기뻐하라 그가 네 마음의 소원을 네게 이루어 주시리로다.(시37:4)

자신이 되고자 하는 기준을 낮게 잡았다면 그는 그 이상 성장하지 못한다. 반면 자신이 되고자 하는 목표를 높게 잡았다면 그는 위대한 존재로 성장하게 된다.(피터 드러커) 당신이 세운 목표를 보고 사람들이 비웃지 않는다면 그건 너무 작은 것이다.(인도의 아짐 프렘지 회장) 큰 꿈을 가진 사람은 작은 성공에 만족하지 않는다. 또한 '큰 꿈'은 "오늘이라는 시간의 한계를 넘어 미래를 예약"하며, 끊임없는 노력과 열정을 태우게 한다. '나에게 두 다리가 없다는 사실을 알았지만, 그것이 내가 하고 싶은 일을 하지 못하도록 막을 수는 없었다.'(제니퍼 브리커 : 미국의 체조 선수)

일본 산 잉어 "코이"라는 물고기가 있다 이 잉어는 어항에서 기르면 5-8cm정도 자라고, 수족관이나 호수에서 키우면

15-25cm 자라는데, 강에서 키우면 90-120cm까지 성장을 한다고 한다. 스스로 그 환경에 적응하는 조절능력이 있다는 것인데, 이것을 "코이의 법칙"이라고 한다. 우리 성도들도 "믿음"을 어항에서 키울 것인지 강에서 키울 것인지를 각자 선택하여야 한다. 세인들 중에서도 "마태의 법칙"이라는 말을 가끔 사용한다, "무릇 있는 자는 받아 넉넉하게 되되 없는 자는 그 있는 것도 빼앗기리라.(마태복음13:12, 25:29. 눅19:26) 꿈의 크기에 따라 생각과 행동이 달라지고, 능력도 꿈에 맞춰 생성된다. 그가 어떤 사람은 사도로, 어떤 사람은 선지자로, 어떤 사람은 복음을 전하는 자로, 어떤 사람은 목사와 교사로 삼으셨으니 이는 성도를 온전하게 하여 봉사의 일을 하게 하며, 그리스도의 몸을 세우려 하심이라.(에베소서4:11-12) 너는 범사에 그를 인정하라 그리하면 네 길을 지도하시리라(잠3:6)

큰 사람은 초라한 발상을 하지 않는다. 아프리카에서 선풍적으로 일하셨던 "라인하르트 본케" 목사님에 대한 말씀입니다. 그는 1940년 독일에서 태어나 9살에 그리스도를 영접하고 1967년 아내와 함께 아프리카로 건너가 강력한 성령운동과 신유사역을 펼치며, 50년 넘게 나이지리아에서 사역을 했는데, 그 곳을 떠나는 마지막 전도 집회를 "나이지리아 라고스"에서 열었는데, 170만 명이 참석하여 이중에서 "84만 5875명의 사람들이 회심하여 주님을 영접했다"

고 전합니다. 그가 20년 전에 하나님께 기도하는데, 하나님께서 말씀하시기를 "한 번에 100만 명이 회심하리라" 이 말씀이 '20년 후에 나이지리아 라고스'에서 이루어졌습니다. '꿈은 이루어진다.' "믿음을 가진 자의 꿈은 더욱더 그렇다!" 여호와를 의뢰하고 선을 행하라 땅에 머무는 동안 그의 성실을 먹을거리로 삼을지어다. 또 여호와를 기뻐하라 그가 네 마음의 소원을 이루어 주시리로다(시37:3-4)

너희는 거룩하신 자에게서 기름부음을 받고 모든 것을 아느니라. 너희는 주께 받은 바 기름부음이 너희 안에 거하나니 아무도 너희를 가르칠 필요가 없고 오직 그의 기름부음이 모든 것을 너희에게 가르치며 또 참되고 거짓이 없으니 너희를 가르치신 그대로 주 안에 거하라.(요일2:27)

너는 말씀을 전파하라 때를 얻든지 못 얻든지 항상 힘쓰라 범사에 오래 참음과 가르침으로 경책하며 경계하며 권하라 (디모데후서4:2) 오직 성령이 너희에게 임하시면 너희가 권능을 받고 예루살렘과 온 유대와 사마리아와 땅 끝까지 이르러 내 증인이 되리라 하시니라.(사도행전1:8) 내가 달려갈 길과 주 예수께 받은 사명 곧 하나님의 은혜의 복음을 증언하는 일을 마치려 함에는 나의 생명조차 조금도 귀한 것으로 여기지 아니하노라.(행20:24) 약한 자들에게 내가 약한 자와 같이 된 것은 약한 자들을 얻고자 함이요 내가 여러 사람에게 여러 모습이 된 것은 아무쪼록 몇 사람이라도 구원하고자 함이니(고전9:22) 내가 이방인인 너희에게 말하노라 내가 이방인의 사도인 만큼 내 직분을 영광스럽게 여기노니 이는 혹 내 골육을 아무쪼록 시기하게 하여 그들 중에서 얼마를 구원하려 함이라(롬11:13-14) 나와 같이 모든 일에 모든 사람을 기쁘게 하여 자신의 유익을 구하지 아니하고 많은 사람의 유익을 구하여 그들로 구원을 받게 하라(고전10:33) 사람이 마땅히 우리를 그리스도의 일꾼이요 하나님의 비밀을 맡은 자로 여길지어다. 그리고 맡은 자들에게 구할 것은 충성이니라.(고전4:1-2)

● 나는 누구인가?

뭘? 그리 어렵게 생각하고 고민하는가? 이 땅에 와서 "붙여준 이름"이 너고, 어디서 와서 어디로 가는가? 그것도 또한 어렵지 않다! 어머니 뱃속에서 나와서 흙으로 돌아가거나 불로 태워지지 않던가? 수많은 세월 동안 객관적이고 정확한 답을 주지 못하는 문제에 시간 낭비 하지 마라! 하나님이 모든 것을 지으시되 때를 따라 아름답게 하셨고 또 사람들에게는 영원을 사모하는 마음을 주셨느니라. 그러나 하나님의 하시는 일의 시종을 사람으로 측량할 수 없게 하셨도다.(전3:11)

사람이 해 아래서 행하는 모든 수고와 마음에 애쓰는 것이 무슨 소득이 있으랴(전2:22) 무엇이든지 내 눈이 원하는 것을 내가 금하지 아니하며 무엇이든지 내 마음이 즐거워하는 것을 내가 막지 아니하였으니 이는 나의 모든 수고를 내 마음이 기뻐하였음이라 이것이 나의 모든 수고로 말미암아 얻은 몫이로다. 그 후에 내가 생각해 본즉 내 손으로 한 모든 일과 내가 수고한 모든 것이 다 헛되어 바람을 잡는 것이며 해 아래서 무익한 것이로다.(전2:10-11) 무슨 일이든지 때와 판단이 있으므로 사람에게 임하는 화가 심함이니라.(전8:6) 인생에는 빠름과 늦음은 없다. 다만, 먼저와 나중이 있을 뿐이다. 자신의 현 주소를 정확히 파악하고 자기의 '인생 사용설명서'대로 사욕 없이 매 순간 최선을 다한다면, 그 결과는 아름다울 것이다. '이 백성은 내가 나를 위하여 지었나니 나를 찬송하게 하려 함이니라.(사43:21)' 보라 내가 너를 연단하였으나 은처럼 하지 아니하고 너를 고난의 풀무 불에서 택하였노라.(사48:10) 바울이 아레오바고 가운데 서서 말하되 아덴 사람들아 너희를 보니 범사에 종교심이 많도다. 내가 두루 다니며 너희가 위하는 것들을 보다가 '알지 못하는 신'에게라고 새긴 단도 보았으니 그런즉 너희가 알지 못하고 위하는 그것을 내가 너희에게 알게 하리라.(행17:22-23) 인류의 모든 족속을 한 혈통으로 만드사 온 땅에 살게 하시고 그들의 연대를 정하시며 거주의 경계를 한정하셨으니(행17:26) 이는 정하신 사람으로 하여금 천하를 공의로 심판할 날을 작정하시고 이에 그를 죽은 자

가운데 다시 살리신 것으로 모든 사람에게 믿을만한 증거를 주셨음이니라 하니라(행17:31) 몇 사람이 그를 가까이하여 믿으니 그 중에는 아레오바고 관리 디오누시오와 다마리라 하는 여자와 또 다른 사람들도 있었더라.(행17:34) 그러나 너희는 택하신 족속이요 왕 같은 제사장들이요 거룩한 나라요 그의 소유가 된 백성이니 이는 너희를 어두운데서 불러내어 그의 기이한 빛에 들어가게 하신 이의 아름다운 덕을 선포하게 하려 하심이라 너희가 전에는 백성이 아니더니 이제는 하나님의 백성이요 전에는 긍휼을 얻지 못하였더니 이제는 긍휼을 얻은 자니라.(벧전2:9-10) 나는 "60세에 편도 암 4기의 사형선고"를 받고 "50년 믿었던 종교에서 개종"하여 오직 주님의 말씀만을 먹고, 마시고 되새기며, "10년간 하루 10시간 이상을 뒤 받침대도 없는 피아노 의자에 앉아서 신·구약의 연관 된 말씀들을 찾아 "말씀으로 돌아 본 천국 여행! 천로여정 상·하(1369쪽)"와 '성경 1754쪽(구약:1331, 신약:423)의 책을 225쪽'으로 집약한 "알토란성경 요약"이라는 책을 출간했습니다. 그 기간에서도 "항암제 4박 5일씩 6번을 맞았고, 방사선 치료를 15분씩 30회"를 쬐고 있는데도. 의사는 가능성이 없으니 좋은 추억이나 쌓으라고 저와 제 아내에게 '세뇌'하더라고요. 그러나 10년이 지나도록 오직 "하나님의 말씀(영생하도록 있는 양식)"으로 살다보니, '죽고 사는 것이 의사의 손과 말(판단)'에 있지 않고 "하나님의 말씀"에 있다는 확신이 들었습니다. "진실로 생명의 원천이 주께 있사오니 주의 빛 안에서 우리가 빛을 보리이다.(시편36:9) 하나님은 나를 돕는 이시며 주께서는 내 생명을 붙들어 주시는 이시니이다.(시편54:4) 모든 생물의 생명과 모든 사람의 육신의 목숨이 다 그의 손에 있느니라.(욥12:10) 주 여호와여 주께서 큰 능력과 펴신 팔로 천지를 지으셨으니 주에게는 할 수 없는 일이 없으시니이다.(렘32:17) 대저 하나님의 모든 말씀은 능하지 못하심이 없느니라.(눅1:37)" 오직 아버지 말씀만을 의지하며, 그렇게 집필한 책이 출판되어 '출판 감사 예배'를 드리고, 2개월이 될 즈음에 나는 "뇌출혈과 폐렴"으로 다시 대학병원에 입원하는 신세가 되었는데, 그 곳에서도 의사는 "아내에게 가능성이 없다"는 마지막 말을 통보하더랍니다.

그러나 저는 2개월 만에 퇴원하여 다시 이 책을 집필하고 있습니다. 제가 의사들에게 3번의 사형선고를 받았지만, 모든 것은 "하나님 아버지의 사명을 실행하기 위한 연단"이라고 생각합니다. '보옵소서 내게 큰 고통을 더하신 것은 내게 평안을 주려 하심이라 주께서 내 영혼을 사랑하사 멸망의 구덩이에서 건지셨고 내 모든 죄를 주의 등 뒤에 던지셨나이다.'(사38:17) 이르시되 주 예수를 믿으라 그리하면 너와 네 집이 구원을 받으리라.(행16:31)

감사로 제사(나를 거룩한 산 제물로 드린다는 영적 예배)

를 드리는 자가 나를 영화롭게 하나니 그의 행위를 옳게 하는 자에게 내가 하나님의 구원을 보이리라(시50:23)

① 마음으로 감사 : 범사에 감사하라 이것이 그리스도 예수 안에서 너희를 향하신 하나님의 뜻이니라.(살전5:18) 여호와께 감사하라 그는 선하시고 인자하심이 영원함이로다.(시136:1)

② 물질적으로 감사 : 나의 하나님이 그리스도 예수 안에서 영광 가운데 그 풍성한 대로 너희 모든 쓸 것을 채우시리라.(빌4:19) 주라 그리하면 너희에게 줄 것이니 곧 후히 되어 누르고 흔들어 넘치도록 하여 너희에게 안겨 주리라(눅6:38) 너희 성도들아 여호와를 경외하라 그를 경외하는 자에게는 부족함이 없도다.(시34:9)

③ 믿음으로 감사 : 복음에는 하나님의 의가 나타나서 믿음으로 믿음에 이르게 하나니 기록된바 오직 의인은 믿음으로 말미암아 살리라 함과 같으니라(롬1:17) 우리가 다 하나님의 아들을 믿는 것과 아는 일에 하나가 되어 온전한 사람을 이루어 그리스도의 장성한 분량이 충만한 데까지 이르리니(엡4:13) 우리가 그 안에서 그를 믿음으로 말미암아 담대함과 확신을 가지고 하나님께 나아감을 얻었느니라.(엡3:12)

우리가 마음에 뿌림을 받아 악한 양심으로부터 벗어나고 몸은 맑은 물로 씻음을 받았으니 참 마음과 온전한 믿음으로 하나님께 나아가자.(히10:22)

수많은 사람들이 "나는 누구인가?"에 대한 답을 찾지 못하고 헤매는 모습을 보면서, 나는 조용히 읊조려 봅니다. 그 답이 그토록 알고 싶다면, "우리 주 예수 그리스도를 믿으라고 그러면 알리라" ✱✱너희가 다 믿음으로 말미암아 그리스도 예수 안에서 "하나님의 아들"이 되었으니(갈3:26) ✱✱

※ 어디로 가는가?

여호와 하나님이 땅의 흙으로 사람을 지으시고 생기를 그 코에 불어넣으시니 사람이 생령이 되니라.(창2:7) 다 흙으로 말미암았으므로 다 흙으로 돌아가나니 다 한 곳으로 가거니와 인생들의 혼은 위로 올라가고 짐승의 혼은 아래 곧 땅으로 내려가는 줄을 누가 알랴.(전3:20-21) 어느 종교에서는 인과의 이치에 따라 '사람이 짐승으로, 짐승이 사람으로 환생을 하기도 한다는데 영혼의 길이 다른데도' 과연 가능할까? 우리가 아직 죄인되었을 때에 그리스도께서 우리를 위하여 죽으심으로 하나님께서 우리에 대한 자기의 사랑을 확증하셨느니라.(롬5:8) 하나님이 세상을 이처럼 사랑하사 독생자를 주셨으니 이는 그를 믿는 자마다 멸망하지 않고 영생을 얻게 하려 하심이라.(요3:16) "하나님의 아들을 믿는 자는 자기 안에 증거가 있고 하나님을 믿지 아니하는 자는 하나님을 거짓말 하는 자로 만드나니 이는 하나님께서 그 아들에 대하여 증언하신 증거를 믿지 아니하였음이라" 또 증거는 이것이니 하나님이 우리에게 영생을 주신 것과 이 생명이 그의 아들 안에 있는 그것이니라. 이들이 있는 자에게는 생명이 있고 하나님의 아들이 없는 자에게는 생명이 없느니라. 내가 하나님의 아들의 이름을 믿는 너희에게 이것을 쓰는 것은 너희로 하여금 너희에게 "영생"이 있음을 알게 하려 함이라.(요일5:10-13) 내가 진실로 진실로 너희에게 이르노니 내 말을 듣고 또 나 보내신 이를 믿는 자는 영생을 얻었고 심판에 이르지 아니하나니 사망에서 생명으로 옮겼느니라.(요5:24) 예수께서 이르시되 나는 부활이요 생명이니 나를 믿는 자는 죽어도 살겠고 무릇 살아서 나를 믿는 자는 영원히 죽지 아니하리니 이것을 네가 믿느냐.(요11:25-26) 그가 우리에게 약속하신 것은 이것이니 곧 영원한 생명이니라.(요일2:25)

● 기도

기도의 '초점은 하나님'이시며 '육체의 산소호흡과 같이 영의호흡'이다, 하나님의 자녀로서 그분을 향한 의사소통을 시도하는 사랑과 감사와 찬양이며, 삶의 진리를 추구하는 실체적인 간구이다. 기도는 나의 소원을 이루기 위한 행위가 아닌 하나님과의 사귐 그리고 깨어 있음이다. 성경학자 윌리엄 바클리는 "기도의 최대 목적은 하나님의 뜻"을 아는 것이다라고 한다. 기도를 계속하고 기도에 감사함으로 깨어 있으라.(골4:2) 아무 것도 염려하지 말고 다만 모든 일에 기도와 간구로 너희 구할 것을 감사함으로 하나님께 아뢰라 그리하면 모든 지각에 뛰어난 하나님의 평강이 그리스도 예수 안에서 너희 마음과 생각을 지키시리라(빌4:6-7) 시험에 들지 않게 깨어 기도하라 마음에는 원이로되 육신이 약하도다(마26:41) 항상 기뻐하라 쉬지 말고 기도하라 범사에 감사하라 이것이 그리스도 예수 안에서 너희를 향한 하나님의 뜻이니라.(살전5:16-18) 하나님의 뜻은 이것이니 너희의 거룩함이라(살전4:3) 그런즉 깨어 있으라 너희는 그날과 그때를 알지 못하느니라(마25:13) 너희가 내게 부르짖으며 내게 와서 기도하면 내가 너희들의 기도를 들을 것이요 너희가 온 마음으로 나를 구하면 나를 찾을 것이요 나를 만나리라(렘29:12-13) 너희는 여호와를 만날 만한 때에 찾으라. 가까이 계실 때에 그를 부르라(사55:6) 나를 사랑하는 자들이 나의 사랑을 입으며 나를 간절히 찾는 자가 나를 만날 것이니라(잠8:17) 구하라 그리하면 너희에게 주실 것이요 찾으라 그리하면 찾아낼 것이요 문을 두드리라 그리하면 너희에게 열릴 것이니 구하는 이마다 받을 것이요 찾는 이는 찾아낼 것이요 두드리는 이에게는 열릴 것이니라(마7:7-8) 너희가 기도할 때에 무엇이든지 믿고 구하는 것은 다 받으리라 하시니라(마21:22) 그러므로 내가 너희에게 말하노니 무엇이든지 기도하고 구하는 것은 받은 줄로 믿으라 그리하면 너희에게 그대로 되리라(막11:24) 나는 너희를 위하여 기도하기를 쉬는 죄를 여호와 앞에 결단코 범하지 아니하고(삼상12:23) 여호와는 악인을 멀리 하시고 의인의 기도를 들으시니라.(잠15:29) 여호와여 나를 반기시는 때에 내가 주께 기도하오니 하나님이여 많은 인자와 구원의 진리로 내게 응답하소서(시69:13) 이는 주께서 내 영혼을 스올에 버리지 아니하시며 주의 거룩한 자를 멸망시키지 않으실 것임이니이다.(시16:10) 믿음의 기도는 병든 자를 구원하리니 주께서 그를 일으키시리라 혹시 죄를 범하였을지라도 사하심을 받으리라 그러므로 너희 죄를 서로 고백하며 병이 낫기를 위하여 서로 기도하라 의인의 간구는 역사하는 힘이 크니라.(약5:15-16)

※ 종교 철학자 캘빈은 기도는 "하나님의 영광이 외부에서 우리 마음으로 들어와 우리를 변화시키는 외적인 은혜"다 〈기독교 강요 중에서〉 또 '실천신학개론 공부 중에서'는
  ※※ 기도에 대하여,
  ① 응답을 목표로 기도를 한다.
  ② 응답 받을 때까지 기도해야 한다.

③ 응답받지 못한 기도는 끝내지 말라.
④ 생활의 기도는 끈질긴 기도가 되어야한다.[쉬지 말고 기도하라(살전5:17)]

✲✲ 결국, 기도는 "끈기와의 싸움이다." 하나님이여 내 기도에 귀를 기울이시고 내가 간구할 때에 숨지 마소서(시55:1) 기도는 '영성생활의 핵심'이요, '일상생활의 등불'이며, '믿음으로 사는 삶'은 "하나님께 전부를 맡기는 삶"이다. 또한 몸으로 드리는 기도에도 신령함을 구하면서 몸을 망가뜨려서는 안 되며, 성결함을 유지해야 한다. 몸은 거룩한 것으로 기도할 수 있는 주체이다. '그러므로 형제들아 내가 하나님의 모든 자비심으로 너희를 권하노니 너희 몸을 하나님이 기뻐하시는 거룩한 산 재물로 드려라 이는 너희가 드릴 영적 예배니라.'(롬12:1) 기도를 통해서 얻은 경험은 한마디로 '충만'이다. 그 갈급한 그릇을 채우시는 분은 하나님이시다. 따라서 "하나님께 나아가는 방법이 기도"이다. '우리가 마음에 뿌림을 받아 악한 양심으로부터 벗어나고 몸은 맑은 물로 씻음을 받았으니 참 마음과 온전한 믿음으로 하나님께 나아가자(히10:22)' 그런데, 응답받지 못한 것으로 인해 "하나님에 대하여, 삶에 대하여 더 큰 깨달음을 얻게 된다." 영성가들에게는 응답받지 못할 때의 '충만'이 받을 때 충만보다 더 크다고 한다. "기도는 경험의 풍성에 대한

믿음을 가지고 기도에 임해야 한다."

✻✻ 기도를 막는 요소는
   ① 믿음을 세우지 못한 불신이고,
   ② 현실을 놓지 못하고 세상의 염려와 재물에 유혹되는 우상숭배(영적간음)요.
   ③ 좁은 소견과 목적에만 치우치는 자기주장이 강할 때요.
   ④ 깊은 충만보다 감각이나 습관적 논리에 빠지는 것이다.

씨가 가시떨기에 떨어졌다는 것은 말씀을 들은 자이나 지내는 중 이생의 염려와 재물과 향락에 기운이 막혀 온전히 결실하지 못하는 자요(누가복음8:14), 내 의의 하나님이여 내가 부를 때에 응답하소서 곤란 중에 나를 너그럽게 하셨사오니 내게 은혜를 베푸사 나의 기도를 들으소서(시4:1) 여호와여 나의 말에 귀를 기울이사 나의 심정을 헤아려 주소서(시5:1) 여호와는 마음이 상한 자를 가까이 하시고 충심으로 통회하는 자를 구원 하시는도다.(시34:18) 여호와의 모든 길은 그의 언약과 증거를 지키는 자에게 인자와 진리로다(시25:10)

● 증오(憎惡)

상상만 해도 끔찍하고 천하에 부모를 죽인 원수로 생각될 정도로 '분통'이 터지는 대상이다. 그러면 이 증오는 어디서부터 만들어졌을까? '오해와 편견 그리고 이기주의와 배신'의 소산이 아닐까! 다시 말하면 소통의 부재와 오해가 굳어진 것이다. 곧, 그것은 진심어린 사랑의 결핍이었으리라. 지나가던 나그네가 심심해서 호수에 던진 돌멩이에 맞아 죽은 개구리는 과연 심심해서 죽었을까? 사랑으로 시작된 진리의 소통은 아름다운 인간관계를 형성합니다. 인생살이 50세가 넘어서도, 누군가를 미워하고 계신가요? 이제는 그것을 내려놓을 때가 되지 않으셨나요? 특히 하나님의 진정한 택하심을 입은 자녀시라면요! '어느 교회에서 목사님이 설교 중에 '미워하는 사람이 한 사람도 없으신 분이 있으시면 손들어 보세요.' 했더니 잠시 조용하더니, 연세가 많아 보이시는 한 분이 손을 들더랍니다. 목사님께 "정말로 미운 사람이 한 사람도 없으십니까? 하고 되물었더니" "미워하는 사람이 다 죽어 버렸어요." 하더랍니다.

그저 웃고 넘어 갈 일이 아니라, 진정 '증오'라는 "미움의 용광로 불꽃"을 언제 정리하시고, 천국행 열차에 탑승하시렵니까? '미워한다는 것은 마음속에 분통(인분구덩이)를 파는 것'입니다. 바로 '똥통' 말입니다. 내가 내 마음에 그 '똥통'을 두고 있으면서 분노가 치밀면 그 똥통의 악취를 맡으며 이빨을 가는 것입니다. 여러분! 얼마나 어리석은 일입니까? 이 세상에는 아름다운 꽃과 감미로운 향기가 얼마나 많은데, 자기 마음 한 가운데에 인분이 가득한 똥통을 파놓고 산다는 말입니까? 그 파놓은 구덩이(분통)는 누가 메워야 할까요? 내가 판 구덩이는 반드시 내가 메워야만합니다. 그리고 그 구덩이를 메울 수 있는 유일한 방법은 오직 "용서"뿐 입니다. 만일 하루에 일곱 번이라도 네게 죄를 짓고 일곱 번 네게 돌아와 내가 회개하노라 하거든 너는 용서하라 하시니라(눅17:4) 예수께서 이르시되 네게 이르노니 일곱 번뿐만 아니라 일곱 번을 일흔 번까지라도 할지니라(마18:22) 너희가 사람의 잘못을 용서하면 너희 하늘 아버지께서도 너희 잘못을 용서하시려니와 너희가 사람의 잘못을 용서하지 아니하면 너희 아버지께서도 너희 잘못을 용서하지 아니하시리라.(마6:14-15) 내가 살기 위해서 아니, 그 악취에서 벗어나고 싶어서 그 "인분통"은 반드시 메워야만 합니다. 마음에 '증오와 분노'의 파도가 일면 "인분 가득한 구덩이"를 상상하면서 내가 또 똥통을 파고 있구나 하면서 과감하게 버리십시오. '서로 친절하게 하며 불쌍히 여기며 서로 용서하기를 하나님이 그리스도 안에서 너희를 용서하심과 같이 하라(엡4:32)' 그가 웅덩이를 파 만듦이여 제가 판 함정에 빠졌도다. 그의 재앙은 자기 머리로 돌아가고 그의 포악은 자기 정수리에 내리리로다.(시편7:15-16) 인생을 살면서 마음에 파 놓은 그 많은 구덩이는 언제 다 메우시렵니까? "이제 남은 시간들은 사랑만 하기에도 부족할" 것입니다. "후회 없는 삶을 위하여 사랑에 사랑을 곱해서 [너희 모든 일을 사랑으로 행하라(고전16:14)"] 살아가세요. '더하기(기회가 있으면)를 하기에는 시간이 너무 부족합니다.' 함정을 파는 자는 그것에 빠질 것이요 돌을 굴리는 자는 도리어 그것에 치이리라(잠언26:27) 그러므로 너희는 하나님이 택하사 거룩하고 사랑 받는 자처럼 긍휼과 자비와 겸손과 온유와 오래 참음을 옷 입고 누가 누구에게 불만이 있거든 서로 용납하여 피차 용서하되 주께서 너희를 용서하신 것같이 너희도 그리하고 이 모든 것 위에 사랑을 더하라 이는 온전하게 매는 띠니라.(골3:12-14) 이같이 한즉 하늘에 계신 너희 아버지의 아들이 되리니 이는 하나님이 그 해를 악인과 선인에게 비추시며 비를 의로운 자와 불의한 자에게 내려주심이라. 너희가 너희를 사랑하는 자를 사랑하면 무슨 상이 있으리요. 세리도 이같이 아니하느냐 또 너희가 너희 형제에게만 문안하면 남보다 더한 것이 무엇이냐 이방인들도 이같이 아니하느냐 그러므로 하늘에 계신 너희 아버지의 온전하심과 같이 너희도 온전하라(마5:45-48) 하나님께 가까이 함이 내게 복이라 내가 주 여호와를 나의 피난처로 삼아 주의 모든 행적을 전파하리이다(시73:28) 우리는 주의 백성이요 주의 목장의 양이니 우리는 영원히 주께 감사하며 주의 영예를 대대에 전하리이다(시79:13) 주의 말씀이 내가 정한 기약이 이르면 내가 바르게 심판하리니(시75:2) 너희를 박해하는 자를 축복하라 축복하고 저주하지 말라(롬12:14) 이는 우리가 다 반드시 그리스도의 심판대 앞에 나타나게 되어 각각 선악 간에 그 몸으로 행한 것을 따라 받으려 함이라(고후5:10) 하나님은 모든 행위와 모든 은밀한 일을 선악 간에 심판하시리라(전12:14) 선한 일을 행한 자는 생명의 부활로 악한 일 행한 자는 심판의 부활로 나오리라.(요5:29) 그들은 영벌에 의인들은 영생에 들어가리라 하시니라.(마25:46) 모든 지킬만한 것 중에 더욱 네 마음(인격이 머무는 자리)을 지키라 생명의 근원이 이에서 남이니라.(잠4:23)

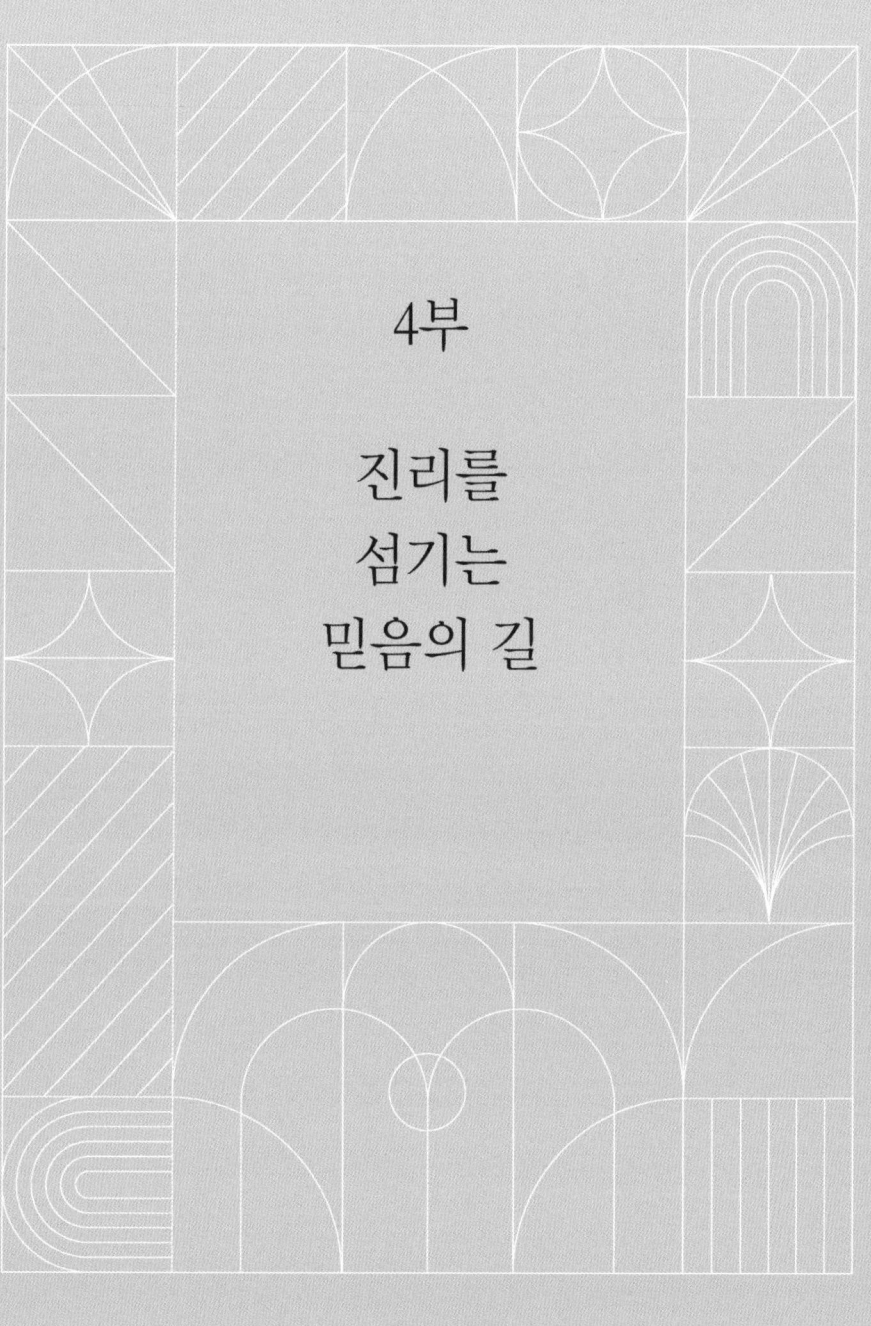

4부

진리를
섬기는
믿음의 길

※ 하나님이 오른손으로 예수를 높이시매 그가 약속하신 성령을 아버지께 받아서 너희가 보고 듣는 이것을 부어 주셨느니라.(행2:33) 주 예수 그리스도의 은혜와 하나님의 사랑과 성령의 교통하심이 너희 무리와 함께 있을지어다.(고후13:13) ※

● 사람들은 여러 갈래 길을 따라 걸어가고 있다 길을 가다가 확신이 없으면 되돌아가기도 한다. 그러나 수많은 길 중에서도 누구나 꼭 가야만 하는 길이 있다. 바로 "죽음의 길"이다. '한번 죽는 것'은 사람에게 정해진 것이요 그 후에는 심판이 있으리니 이와 같이 그리스도도 많은 사람의 죄를 담당하시려고 단번에 드리신바 되셨고 구원에 이르게 하기 위하여 죄와 상관없이 자기를 바라는 자들에게 두 번째 나타나시리라.(히9:27-28) 죽음의 길 또한 육안으로는 보이질 않는다. 그래도 모든 사람들은 그 길을 부인하지는 않는다. 단지 앞서간 사람들의 모습을 보면서 답을 찾았을 뿐이다. 우리는 태어난 날은 알아도 죽는 날은 모른다. "사람이 장래 일을 알지 못하나니 장래 일을 가르칠 자"가 누구이랴(전8:7) 내가 전에 강의 중에서 살아온 인생의 역경을 이야기할 때면 많은 분들이 박수를 치고, 때론 눈물을 흘리며 나에게 경의를 표했다. 그러나 믿음의 눈(주님을 영접한 후의 삶)으로 바라보면 병아리가 알에서 깨어나는 정도에도 미치지 못하는 작은 삶의 변화와 역경이었을 뿐이다. 사람들에게

인생에서 가장 중요한 것이 무엇이냐고 물으면 대부분 '의식주의 충족과 자녀들의 성공' 그리고 건강을 제일로 꼽는다. 나도 한 때는 그것이 전부라고 여기며, 남에게 죄 안 짓고 손가락질 안 받고 살면 된다고 생각했었다. 그러나 세 번이나 죽음의 순간을 맞이했던 나 자신이지만, 막상 죽음의 문턱 앞에만 서면 "살려달라고" 울부짖었다. 그때 주님께서 찾아오시지 않으셨다면, 나는 지금 불 못 속에 던져졌을 것이다 "두려워하는 자들과 믿지 아니하는 자들과 흉악한 자들과 살인자들과 음행하는 자들과 점술가들과 우상숭배자들과 거짓말하는 모든 자들은 불과 유황으로 타는 못에 던져지리니 이것이 둘째 사망이라(계21:8)" 사망과 음부도 불못에 던져지니 이것이 둘째 사망 곧 불못이라(계21:14) 인생을 살다보면 때론 불가사의(不可思議)한 일을 겪게 된다. 예를 들면, 복권에 당첨되어 일획천금을 얻거나 반대로 그 좋다는 돈 때문에 목숨을 잃기도 한다. 또 순진하고 올곧은 영혼이 타락하여 추악한 말로를 맞이하기도 하고. 또는 예수를 믿으며 신실하게 살아가던 사람들 중에서도 자녀나 손자를 잃고 감당할 수 없는 슬픔과 고통 속에서 믿음에 회의를 느끼고, 방황하는 사람도 있다. "사랑하는 자들아 너희를 연단하려고 오는 불 시험을 이상한 일 당하는 것같이 이상히 여기지 말고 오히려 너희가 그리스도의 고난에 참여하는 것으로 즐거워하라 이는 그의 영광을 나타나실 때에 너희로 즐거워하고 기뻐하게 하려 함이라(벧전4:12-13)" 이와 같이 하나님의 뜻 안에서 보면 분명히 이유가 있을 것이나 어리석은 우리의 판단으로는 모든 것을 알 수가 없다. "심히 교만한 말을 다시 하지 말 것이며 오만한 말을 너희 입에서 내지 말지어다. 여호와는 지식의 하나님이시라 행동을 달아 보시느니라(삼상2:3)" 이것은 바로 우리가 가진 "판단의 한계"일 것이다. '하나님이 모든 것을 지으시되 때를 따라 아름답게 하셨고 또 사람들에게는 영원을 사모하는 마음을 주셨느니라. 그러나 '하나님이 하시는 일의 시종을 사람으로 측량할 수 없게' 하셨도다.(전 3:11)' 폭풍이 몰아치는 칠흑 같은 밤 바닷가의 한 오두막집이 불에 타고 있었다. 동네 사람들은 불을 끄려고 안간힘을 써봤지만 불을 끄기엔 역부족이었다. 그때 바다 한 가운데에서는 방향을 잃은 어선 한 척이 표류하고 있었는데, 어선을 타고 있던 사람들은 갑자기 활활 타오르는 그 불빛을 발견하고 방향을 찾았고 사력을 다해서 포구에 정박할 수 있었던 것이다. 다음 날 아침이 밝으면서 놀라운 일이 벌어졌다. 집과 가재도구를 모두 잃고도 오직 믿음으로 하나님께 기도하던 성도가 30년 전에 납북됐던 남편과 행방불명이 된 유복자 아들을 한 곳에서 만나게 된 것입니다. 납북된 후에도 아내를 사모하던 남편과 홀어머니를 꿈에도 잊을 수 없었던 아들은 오직 하나님께 기도하며 때를 기다리고 있었다. 마침 태풍으로 기상이 악화되어 경계가 느슨한 틈을 타서 두 사람은 탈출을 시도했다. 서로가 부자지간인 줄도 모르고 오직 남쪽으로 내려가야 한다는 일념으로 의기투합 했지만, 엄청난 파도와 태풍 그리고 칠흑 같은 어둠 속에서 방향을 잃고 표류하고 있을 때 바닷가에서 타오르는 불빛을 보고 방향을 잡았고 사력을 다해 도착한 곳이 바로 사랑하는 아내와 꿈에도 못 잊던 어머니가 계신 포구였던 것이다. 혼자서는 돌아 올 수 없는 길이었기에 유복자 아들을 보내어 아버지를 구출하신 하나님의 깊으신 뜻을 어찌 인간의 잣대로 판판할 수 있겠는가! 깊도다 하나님의 지혜와 지식의 풍성함이여, 그의 판단은 헤아리지 못할 것이며 그의 길은 찾지 못할 것이로다.(롬11:33)

노모는 집이 불타버린 순간에도 목숨을 살려주신 하나님께 감사를 드렸다. 그 성도에게는 오막살이 집 한 채가 전 재산이었다. 이웃 사람들은 그런 성도를 보고 제 정신이 아니라고 수군거렸지만 그 다음날 그들은 기적 같은 현실을 눈으로 보게 되었고 어촌 마을 사람들은 그 성도를 통해서 하나님의 그 크신 뜻을 깨닫게 되었고 그 후로 마을 사람들은 '용왕대신 하나님을 믿게' 되었다고 한다. 지혜 있는 자는 궁창의 빛과 같이 빛날 것이요 많은 사람을 옳은 대로 돌아오게 한 자는 별과 같이 영원토록 빛나리라.(단12:3) 젊은 날에 남편을 북한에 빼앗기고 유복자인 자식마저도 행방불명이 된 성도의 삶은 세상 사람들의 비웃음과 손가락질로 처절했을 것이다. 옛날 같으면 남편과 자식 잡아먹은 년이라고 '주홍글씨'로 덧칠했을 것이다. 게다가 전 재산인 집까지 불타버리는 수모를 당하지 않았던가! 그러나 그 순간에도 오직 주님만을 바라보는 경건한 딸의 기도를 주님께서는 결코 뿌리치지 않으셨다. 사람의 마음에는 많은 계획이 있어도 오직 여호와의 뜻만이 완전히 서리라(잠 19:21) 집을 잃은 슬픔은 잠시였고 죽어서도 잊지 못할 남편과 아들을 만난 기쁨은 은혜요 축복이었다. 생각하건대 현재의 고난은 장차 우리에게 나타날 영광과 비교할 수 없도다.(롬8:11) 그러므로 사랑하는 자들아 너희가 이것을 미리 알았은즉 무법한 자들의 미혹에 이끌려 너희가 굳센 데서 떨어질까 삼가라(벧후3:17) 인간은 언젠가는 죽는다. 그 날이 오늘, 또는 내일일 수도 있다. 죽어서 '천국이든 지옥이든' 가야 한다면, 기왕이면 '살아계신 하나님! 곧 참신(神)'을 믿어 대책을 세워보는 것도 손해 볼 일은 아니지 않을까? '참된 복음'을 전파하는 것은 성도의 의무일지라도, 구원 곧 '영생의 진리'를 값없이 선물하는 것은 인간의 능력으로는 결코 할 수 없는 일이다. 왜? "하늘의 시민권은 오직 하나님의 권한"이다. 우리의 시민권은 하늘에 있는지라 거기로부터 구원하는 자 곧 주 예수 그리스도를 기다리노니 그는 만물을 자기에게 복종하게 하실 수 있는 자의 역사로 우리 낮은 몸을 자기 영광의 몸의 형체와 같이 변하게 하시리라.(빌3:20-21) 논란의 여지없이 낮은 자가 높은 자에게서 축복을 받느니라.(7:7) 이는 멜기세덱이 아브라함을 만날 때에 레위는 이미 자기 조상의 허리에 있었음이라(히7:10) "청함을 받은 자는 많되 택함을 입은 자는 적으니라(마22:14)" 그러나 먼저 된 자로서 나중 되고 나중 된 자로서 먼저 될 자가 많으니라(마19:30) 어떤 종교는 찾아가서 절하고 돈을 내면 믿는 자로 인정을 받을지 모르겠지만, 우리 "기독교는 하나님의 택함"을 입지 않은 사람은 몇 년을 다니다가도 작은 시련의 순간이 오면 우상 숭배의 길을 따라 간다. 믿음이 없는 것이 치명적인 죄요 죽음이었다. 믿음은 사람이 구한다고 해서 모두가 얻을 수 있는 것이 아니다. 하나님께서 주셔야만 하는 은혜요 선물이었다. "너희는 그 은혜에 의하여 믿음으로 말미암아 구원을 받았으니 이것은 너희에게서 난 것이 아니요 하나님의 선물"이라(엡2:8) 하나님은 모든 사람이 구원을 받으며 진리를 아는 데에 이르기를 원하시느니라.(딤전2:4)

▶ 그들을 진리로 거룩하게 하옵소서 아버지의 말씀은 진리니이다(요17:17)

▶ 구원의 투구와 성령의 검 곧 하나님의 말씀을 가지라(엡6:17) 따라서 이 글을 읽으시는 분들께서는 하나님의 택함을 입어 '영생'의 길을 찾으시길 우리 주 예수 그리스도의

이름으로 축복합니다.

※ 후회 없는 삶

지혜가 부르지 아니하느냐 명철이 소리를 높이지 아니하느냐 그가 길가의 높은 곳과 네거리에 서며 성문 곁과 문어귀와 여러 출입하는 문에서 불러 이르되 사람들아 내가 너희를 부르며 내가 인자들에게 소리를 높이노라 어리석은 자들아 너희는 명철할지니라. 미련한 자들아 마음이 밝을지니라.(잠8:1-5) 누가 지혜가 있어 이런 일을 깨달으며 누가 총명이 있어 이런 일을 알겠느냐 여호와의 도는 정직하니 의인은 그 길로 다니거니와 그러나 죄인은 그 길에 걸려 넘어지리라.(호14:9) 누구든지 다른 교훈을 하며 바른 말 곧 우리 주 예수 그리스도의 말씀과 경건에 관한 교훈을 따르지 아니하면 그는 교만하여 아무 것도 알지 못하고 변론과 언쟁을 좋아하는 자니 이로써 투기와 분쟁과 비방과 악한 생각이 나며 마음이 부패하여지고 진리를 잃어 버려 경건을 이익의 방도로 생각하는 자들의 다툼이 일어나느니라. 그러나 자족하는 마음이 있으면 경건은 큰 이익이 되느니라. 우리가 세상에 아무 것도 가지고 온 것이 없으매 또한 아무 것도 가지고 가지 못하리니 우리가 먹을 것과 입을 것이 있은즉 족한 줄로 알 것이니라. 부하려 하는 자들은 시험과 올무와 여러 가지 어리석고 해로운 욕심에 떨어지나니 곧 사람으로 파멸과 멸망에 빠지게 하는 것이라 돈을 사랑함이 일만 악의 뿌리가 되나니 이것을 탐내는 자들은 미혹을 받아 믿음에서 떠나 많은 근심으로 자기를 찔렀도다. 오직 너 하나님의 사람아 이것들을 피하고 의와 경건과 믿음과 사랑과 인내와 온유를 따르며 믿음의 선한 싸움을 싸우라 영생을 취하라 이를 위하여 네가 부르심을 받았고 많은 증인 앞에서 선한 증언을 하였도다 만물을 살게 하신 하나님 앞과 본디오 빌라도를 향하여 선한 증언을 하신 그리스도 예수 앞에서 내가 너를 명하노니 우리 주 예수 그리스도께서 나타나실 때까지 흠도 없고 책망 받을 것도 없이 이 명령을 지키라 기약이 이르면 하나님이 그의 나타나심을 보이시리니 하나님은 복되시고 유일하신 주권자이시며 만왕의 왕이시며 만주의 주시요 오직 그에게만 죽지 아니함이 있고 가까이 가지 못할 빛에 거하시고 어떤 사람도 보지 못하였고 또 볼 수 없는 이시니 그에게 존귀와 영원한 권능을 돌릴지어다. 아멘 네가 이 세대에서 부한 자들을 명하여 마음을 높이지 말고 정함이 없는 재물에 소망을 두지 말고 오직 우리에게 모든 것을 후히 주사 누리게 하시는 하나님께 두며 선을 행하고 선한 사업을 많이 하고 나누어 주기를 좋아하며 너그러운 자가 되게 하라 이것이 장래 자기를 위하여 좋은 터를 쌓아 참된 생명을 취하는 것이니라.(딤전6:3-18) 망령되고 허탄한 신화를 버리고 경건에 이르도록 네 자신을 연단하라 육체의 연단은 약간의 유익이 있으나 경건은 범사에 유익하니 금생과 내생의 약속이 있느니라.(딤전4:7-8) 내가 이미 얻었다 함도 아니요 온전히 이루었다 함도 아니라 오직 내가 그리스도 예수께 잡힌바 된 그것을 잡으려고 달려가노라 형제들아 나는 아직 내가 잡은 줄로 여기지 아니하고 오직 한 일 즉 뒤에 있는 것은 잊어버리고 앞에 있는 것을 잡으려고 푯대를 향하여 그리스도 예수 안에서 하나님이 위에서 부르신 부름의 상을 위하여 달려가노라.(빌3:12-14) 어떤 길은 사람이 보기에 바르나 필경은 사망의 길이니라.(잠14:12, 16:25) 사람의 마음에는 많은 계획이 있어도 오직 여호와의 뜻만이 완전히 서리라(잠19:21) 하나님이 이르시되 그가 나를 사랑한즉 내가 그를 건지리라 그가 내 이름을 안즉 내가 그를 높이리라. 진리를 사되 팔지는 말며 지혜와 훈계와 명철도 그리할지니라(잠23:23)

1장 진리는 곧 유일하신 삼위일체 하나님이시다

1장에서 드리는 교훈
- 하나님의 말씀은 진리
- 예수 그리스도는 진리의 실체
- 성령은 진리(하나님의 섭리 확증)

● **하나님 말씀은 진리**

그들을 진리로 거룩하게 하옵소서 아버지의 말씀은 진리니이다(요17:17) 태초에 하나님이 천지를 창조하시니라(창1:1) 이 복음이 이미 너희에게 이르매 너희가 듣고 참으로 하나님의 은혜를 깨달은 날부터 너희 중에서와 같이 또한 온 천하에서도 열매를 맺어 자라는 도다.(골1:6) 너희가 진리를 순종함으로 너희 영혼을 깨끗하게 하여 거짓이 없이 형제를 사랑하기에 이르렀으니 마음으로 뜨겁게 서로 사랑하라 너희가 거듭난 것은 썩어질 씨로 된 것이 아니요 썩지 아니할 씨로 된 것이니 살아있고 항상 있는 하나님의 말씀으로 되었느니라.(벧전1:22-23) 하나님의 말씀은 살아 있고 활력이 있어서 좌우에 날선 어떤 검보다 예리하여 혼과 영과 및 관절과 골수를 찔러 쪼개기까지 하며 또 마음의 생각과 뜻을 판단하나니.(히4:12) 그가 그 피조물 중에 우리로 한 첫 열매가 되게 하시려고 자기의 뜻을 따라 "진리의 말씀"으로 우리를 낳으셨느니라.(약1:18) 태초에 말씀이 계시니라 이 말씀이 하나님과 함께 계셨으니 "이 말씀은 곧 하나님"이시라.(요1:1)

● 예수 그리스도는 진리의 실체

그가 태초에 하나님과 함께 계셨고 만물이 그로 말미암아 지은바 되었으니 지은 것이 하나도 그가 없이는 된 것이 없느니라 그 안에 생명이 있었으니 이 생명은 사람들의 빛이라(요1:2-4) 아버지께서 자기 속에 생명이 있음같이 아들에게도 생명을 주어 그 속에 있게 하셨고(요5:26) 살아 계신 아버지께서 나를 보내심에 내가 아버지로 말미암아 사는 것같이 나를 먹는 그 사람도 나로 말미암아 살리라(요6:57) 하나님이 그 아들을 세상에 보내신 것은 세상을 심판하려 하심이 아니요 그로 말미암아 세상이 구원을 받게 하려 하심이라.(요3:17) 예수 그리스도의 나심은 이러하니라. 그의 어머니 마리아가 요셉과 약혼하고 동거하기 전에 성령으로 잉태된 것이 나타났더니 그의 남편 요셉은 의로운 사람이라 그를 드러내지 아니하고 가만히 끊고자 하여 이 일을 생각할 때에 주의 사자가 현몽하여 이르되 다윗의 자손 요셉아 네 아내 마리아 데려오기를 무서워하지 말라 그에게 잉태된 자는 성령으로 된 것이라 아들을 낳으리니 이름을 예수라 하라 이는 그가 자기 백성을 그들의 죄에서 구원할 자이심이라 하니라 이 모든 일이 된 것은 주께서 선지자로 하신 말씀을 이루려 하심이니 이르시되(마1:18-22) 보라 처녀가 잉태하여 아들을 낳을 것이요 그 이름을 임마누엘이라 하리라 하셨으니 이를 번역한즉 하나님이 우리와 함께 계시다 함이라(마1:23)=※보라 처녀가 잉태하여 아들을 낳을 것이요 그의 이름을 '임마누엘'이라 하리라.(사7:14)
・〈임마누엘 : 이사야에 의해 '예언된 메시야의 이름'은 신약 : 마1:23에서 "예수 그리스도"〉・ 우리는 다 양 같아서 그릇 행하여 각기 제 길로 갔거늘 여호와께서는 우리 모두의 죄악을 그에게 담당 시키셨도다.(사53:6) 내가 너희에게 말하노니 기록된바 그는 불법자의 동류로 여김을 받았다 한 말이 내게 이루어져야 하리니 내게 관한 일이 이루어져 감이니라.(눅22:37) 예수는 우리가 범죄 한 것 때문에 내줌이 되고 또한 우리를 의롭다 하시기 위하여 살아나셨느니라.(롬4:25) 인자가 온 것은 섬김을 받으려 함이 아니라 도리어 섬기려 하고 자기 목숨을 많은 사람의 대속물로 주려 함이니라(막10:45) 만일 우리가 하나님과 사귐이 있다 하고 어둠에 행하면 거짓말을 하고 진리를 행하지 아니함이거니와 그가 빛 가운데 계신 것같이 우리도 빛 가운데 행하면

우리가 서로 사귐이 있고 그 아들 예수의 피가 우리를 모든 죄에서 깨끗하게 하실 것이요(요일1:6-7) 이로 말미암아 그는 새 언약의 중보자시니 이는 첫 언약 때에 범한 죄에서 속량하려고 죽으사 부르심을 입은 자로 하여금 영원한 기업의 약속을 얻게 하려 하심이라(히9:15) 율법을 따라 거의 모든 물건이 피로써 정결하게 되나니 피 흘림이 없은즉 사함이 없느니라.(히9:22) 이 뜻을 따라 예수 그리스도의 몸을 단번에 드리심으로 말미암아 우리가 거룩함을 얻었노라(히10:10) 그가 거룩하게 된 자들을 한 번의 제사로 영원히 온전하게 하셨느니라.(히10:14) 또 그가 피 뿌린 옷을 입었는데 그 이름은 하나님의 말씀이라 칭하더라.(계19:13) 말씀이 육신이 되어 우리 가운데 거하시매 우리가 그의 영광을 보니 아버지의 독생자의 영광이요 은혜와 진리가 충만하더라.(요1:14) 우리가 다 그의 충만한 데서 받으니 은혜 위에 은혜러라 율법은 모세로 말미암아 주어진 것이요 은혜와 진리는 예수 그리스도로 말미암아 온 것이라 본래 하나님을 본 사람은 없으되 아버지 품속에 있는 독생하신 하나님이 나타내셨느니라.(요1:16-18)

예수께서 이르시되 내가 곧 길이요 "진리"요 생명이니 나를 말미암지 않고는 아버지께로 올 자가 없느니라.(요14:6) 그러므로 예수께서 자기를 믿는 유대인들에게 이르시되 너희가 내 말에 거하면 참으로 내 제자가 되고 진리를 알지

니 진리가 너희를 자유롭게 하리라(유8:31-32)

누구든지 예수를 하나님의 아들이라 시인하면 하나님이 그의 안에 거하시고 그도 하나님 안에 거하느니라.(요일4:15) 누구든지 그의 말씀을 지키는 자는 하나님의 사랑이 참으로 그 속에서 온전하게 되었나니 이로써 우리가 그의 안에 있는 줄을 아노라(요일2:5) 사랑하는 자들아 만일 우리 마음이 우리를 책망할 것이 없으면 하나님 앞에서 담대함을 얻고 무엇이든지 구하는 바를 그에게서 받나니 이는 우리가 그의 계명을 지키고 그 앞에서 기뻐하시는 것을 행함이라 (요일3:21-22)

오직 이것을 기록함은 너희로 예수께서 하나님의 아들 그리스도이심을 믿게 하려 함이요 또 너희로 믿고 그 이름을 힘입어 생명을 얻게 하려 함이라.(요20:31) 우리가 아직 죄인 되었을 때에 그리스도께서 우리를 위하여 죽으심으로 하나님께서 우리에 대한 자기의 사랑을 확증하셨느니라. (롬5:8) 아들을 믿는 자에게는 영생이 있고 아들에게 순종하지 아니하는 자는 영생을 보지 못하고 도리어 하나님의 진노가 그 위에 머물러 있느니라.(요3:36) 하나님이 세상을 이처럼 사랑하사 독생자를 주셨으니 이는 그를 믿는 자마다 멸망하지 않고 영생을 얻게 하려 하심이라.(요3:16)

사랑하는 자들아 하나님이 이같이 우리를 사랑하셨은즉 우리가 서로 사랑하는 것이 마땅하도다.(요일4:17)

예수께서 이르시되 '나는 부활이요 생명'이니 나를 믿는 자는 죽어도 살겠고 무릇 살아서 나를 믿는 자는 영원히 죽지 아니하리니 이것을 네가 믿느냐(요11:25-26) 내가 진실로 진실로 너희에게 이르노니 내 말을 듣고 또 나 보내신 이를 믿는 자는 '영생'을 얻었고 심판에 이르지 아니하나니 사망에서 생명으로 옮겼느니라(요5:24) 믿음의 주요 또 온전하게 하시는 이인 예수를 바라보자 그는 그 앞에 있는 기쁨을 위하여 십자가를 참으사 부끄러움을 개의치 아니하시더니 하나님 보좌 우편에 앉으셨느니라(히12:2)

● 성령은 진리(하나님의 섭리 실행과 구원확증)

여호와께서 이르시되 내가 그들과 세운 나의 언약이 이러하니 곧 네 위에 있는 나의 영과 네 입에 둔 나의 말이 이제부터 영원토록 네 입에서와 네 후손의 입에서와 네 후손의 후손의 입에서 떠나지 아니하리라 하시니라 여호와의 말씀이니라.(사59:21) 그러나 진리의 성령이 오시면 그가 너희를 모든 진리 가운데로 인도하시리니 그가 스스로 말하지 않고 오직 들은 것을 말하며 장래 일을 너희에게 알리시리라(요16:13) 보혜사 곧 아버지께서 내 이름으로 보내실 성령 그가 너희에게 모든 것을 가르치고 내가 너희에게 말한 모든 것을 생각나게 하리라(요14:26) 너희는 주께 받은 바 기름부음이 너희 안에 거하나니 아무도 너희를 가르칠 필요가 없고 오직 그의 기름부음이 모든 것을 너희에게 가르치며 또 참되고 거짓이 없으며 너희를 가르치신 그대로 주 안에 거하라(요일2:27) 그는 진리의 영이라 세상은 능히 그를 받지 못하나니 이는 그를 보지도 못하고 알지도 못함이라 그러나 너희는 그를 아나니 그는 너희와 함께 거하심이요 또 너희 속에 계시겠음이라(요14:17) 어느 때나 하나님을 본 사람이 없으되 만일 우리가 서로 사랑하면 하나님이 우리 안에 거하시고 그의 사랑이 우리 안에 온전히 이루어지느니라. 그의 성령을 우리에게 주시므로 우리가 그 안에 거하고 그가 우리 안에 거하시는 줄을 아느니라.(요일4:12-13) 우리 주 예수 그리스도로 말미암아 우리에게 승리를 주시는 하나님께 감사하노니(고전15:57) 이는 물과 피로 임하신 이시니 곧 예수 그리스도시라 물로만 아니요 물과 피로 임하셨고 증언하시는 이는 성령이시니 "성령은 진리"니라(요일5:6), 그의 계명을 지키는 자는 주 안에 거하고 주는 그의 안에 거하시나니 우리에게 주신 성령으로 말미암아 그가 우리 안에 거하시는 줄을 우리가 아느니라(요일3:24) 그 안에서 너희도 진리의 말씀 곧 너희의 구원의 복음을 듣고 그 안에서 또한 믿어 약속의 성령으로 인치심을 받았으니(엡1:13) 곧 이것을 우리에게 이루게 하시고 보증으로 성령을 우리에게 주신 이는 하나님이시니라.(고후5:5) 성령이 친히 우리의 영과 더불어 우리가 하나님의 자녀인 것을 증언하시나니 자녀이면 또한 상속자 곧 하나님의 상속자요 그리스도와 함께 한 상속자니 우리가 그와 함께 영광을 받기 위하여 고난도 함께 받아야 할 것이니라(롬8:16-17)
그리스도의 평강이 너희 마음을 주장하게 하라 너희는 평강을 위하여 한 몸으로 부르심을 받았나니 너희는 또한 감사하는 자가 되라.(골3:15) 예수께서 또 이르시되 너희에게 '평강'이 있을지어다. 아버지께서 나를 보내신 것같이 나도 너희를 보내노라 이 말씀을 하시고 그들을 향하사 숨을 내쉬며 이르시되 "성령 받아라."(요20:21-22) 하나님의 성령을 근심하게 하지 말라 그 안에서 너희가 구원의 날까지 인치심을 받았느니라(엡4:30) • 육체는 공기(산소)로 숨쉬고, 성도의 영혼은 '성령'으로 호흡을 한다. ※ '성령'은 '성경을 여는 열쇠'다. "성령 충만 후에야 성경의 눈"을 뜬다. ※ "그리스도는 하나님의 능력과 지혜"이며(고전1:24) '믿음도 하나님의 능력에 있게 하셨다.(고전2:5) 너희 믿음의 확실함은 불로 연단하여도 없어질 금보다 더 귀하여 예수 그리스도께서 나타나실 때에 칭찬과 영광과 존귀를 얻게 할 것이니라 예수를 너희가 보지 못하였으나 사랑하는 도다. 이제도 보지 못하나 믿고 말할 수 없는 영광스러운 즐거움으로 기뻐하니 믿음의 결국 곧 영혼의 구원을 받음이라(벧전1:7-9) ** 오직 하나님이 '성령'으로 이것을 우리에게 보이셨으니 '성령'은 모든 것 곧 하나님의 깊은 것까지도 통달하시느니라.(고전2:10) 그러므로 너희는 가서 모든 민족을 제자로 삼아서 "아버지와 아들과 성령"의 이름으로 세례를 베풀고(마28:19) 주 예수 그리스도의 은혜와 하나님의 사랑과 성령의 교통하심이 너희 무리와 함께 있을지어다.(고후13:13)

※ 진리는 곧 유일하신 "삼위일체(三位一体) 하나님"이시다.

2장 우상숭배의 허상

2장에서 드리는 교훈
- 우상숭배
- 참신과 거짓 신의 구별

● **우상숭배**

하나님과 겸해 섬기는 것(눅16:13, 마6:24) 모세가 하나님으로 받은 십계명 중에서 첫째 계명은 "너는 나 외에는 다른 신들을 네게 두지 말라" 그리고 둘째 계명은 "너를 위하여 우상을 만들지도 말며, 절하지도 말며, 섬기지도 말라."는 내용이다. 왜 하나님은 다른 신들을 섬기지 말라 하셨을까? 기독교인들에게는 여호와 하나님만이 창조주시며 유일 신이시다. 그러므로 "하나님 이외에 인간의 마음을 사로잡는 모든 것"은 "우상"이다. 인류의 역사는 우상의 유혹 속에 노출 되어왔다. 그래서 하나님께서는 선지자들을 통하여 우상숭배를 버리고 여호와 하나님께 돌아오라고 간절하게 외치셨지만 백성들은 우상숭배의 길을 놓지 못했다. 결국 하나님은 독생자 예수 그리스도를 인간의 몸을 입혀 구세주로 이 땅에 보내셨다. 예수께서 이르시되 "네 마음을 다하고 목숨을 다하고 뜻을 다하여 주 너의 하나님을 사랑하라 하셨으니.(마22:37) 너희가 음란과 정욕과 술취함과 방탕과 향락과 무법한 "우상숭배"를 하여 이방인의 뜻을 따라 행한 것은 지나간 때로 족하도다(벧전4:3) 그러므로 땅에 있는 지체를 죽이라 곧 음란과 부정과 사욕과 악한 정욕과 탐심이니 탐심은 "우상숭배"니라 이것들로 말미암아 하나님의 진노가 임하느니라.(골3:5-6) 나는 너를 애굽 땅, 종 되었던 집에서 인도하여 낸 네 하나님 여호와니라 너는 나 외에는 다른 신들을 네게 두지 말라 너를 위하여 새긴 우상을 만들지 말고 또 위로 하늘에 있는 것이나 아래로 땅에 있는 것이나 땅 아래 물속에 있는 것의 어떤 형상도 만들지 말며 그것들에게 절하지 말며 그것들을 섬기지 말라 나 네 하나님은 질투하는 하나님인즉 나를 미워하는 자의 죄를 갚되 아버지로부터 아들에게로 삼사 대까지 이르게 하거니와 나를 사랑하고 내 계명을 지키는 자에게는 천 대까지 은혜를 베푸느니라(출20:2-6) 우상은 장인이 부어 만들었고 장색이 금으로 입혔고 또 은사슬을 만든 것이니라. 궁핍한 자는 거제를 드릴 때에 썩지 아니하는 나무를 택하고 지혜로운 장인을 구하여 우상을 만들어 흔들리지 아니하도록 세우느니라.(사40:19-20)

다 같은 신령한 음식을 먹으며 다 같은 신령한 음료를 마셨으니 이는 그들을 따르는 신령한 반석으로부터 마셨으매 그 반석은 곧 그리스도시라 그러나 그들의 다수를 하나님이 기뻐하지 아니하셨으므로 그들이 광야에서 멸망을 받았느니라.(고전10:3-5) 그들 가운데 어떤 사람들과 같이 너희는 우상 숭배하는 자가 되지 말라 기록된바 '백성이 앉아서 먹고 마시며 일어나서 뛰논다.'함과 같으니라. 그들 중의 어떤 사람들이 음행을 하다가 하루에 이만 삼천 명이 죽었나니 우리는 그들과 같이 음행하지 말자. 그들 가운데 어떤 사람들이 주를 시험하다가 뱀에게 멸망하였나니 우리는 그들과 같이 시험하지 말자. 그들 가운데 어떤 사람들이 원망하다가 멸망시키는 자에게 멸망하였나니 너희는 그들과 같이 원망하지 말라. "그들에게 일어난 이런 일은 본보기가 되고 또한 말세를 만난 우리를 깨우치기 위하여 기록되었느니라." 그런즉 선줄로 생각하는 자는 넘어질까 조심하라.(고전10:7-12)

● 우상

하나님과 겸해 섬기는 것(눅16:13), 피조물을 하나님보다 더 섬기는 것(롬1:25) 자녀를 마귀의 희생재물로 바침(시106:37) 땅에 있는 지체를 죽이라 곧 음란과 부정과 사욕과 악한 정욕과 탐심이니 탐심은 우상 숭배니라.(골3:5) 문제는 "하나님 나라와 육체의 소유 사이"에서 헤매고 있다. 자녀들아 너희 자신을 지켜 우상에게서 멀리하라.(요일5:21) 내게 부르짖으라. 내가 네게 응답하겠고 네가 알지 못하는 크고 은밀한 일을 네게 보이리라.(렘33:3) 나는 여호와요 모든 육체의 하나님이라 내게 할 수 없는 일이 있겠느냐(렘32:27)

- **참신(神)과 거짓 신의 구별**
    1. 창조능력의 유무
    2. 부활능력(죽은 자를 살리는 능력)

기록된바 내가 너를 많은 민족의 조상으로 세웠다 하심과 같으니 그가 믿은바 "하나님은 죽은 자를 살리시며" "없는 것을 있는 것"으로 부르시는 이시니라(롬4:17) 우리는 우리 자신이 사형 선고를 받은 줄 알았으니 이는 우리로 자기를 의지하지 말고 오직 죽은 자를 다시 살리시는 하나님만 의지하게 하심이라 그가 이같이 큰 사망에서 우리를 건지셨고 또 건지실 것이며 이 후에도 건지시기를 그에게 바라노라(고후1:9-10) 모든 생물의 생명과 모든 사람의 육신의 목숨이 다 그의 손에 있느니라. 입이 음식의 맛을 구별함같이 귀가 말을 분간하지 아니하느냐.(욥12:10-11) 진실로 생명의 원천이 주께 있사오니 주의 빛 안에서 우리가 빛을 보리이다(시36:9) 하나님은 나를 돕는 이시며 주께서는 내 생명을 붙들어 주시는 이시니이다(시54:4) 여호와께서는 자기 백성을 버리지 아니하시며 자기 소유를 외면하지 아니하시리로다(시94:14)

※ 우리가 마음에 뿌림을 받아 악한 양심으로부터 벗어나고 몸은 맑은 물로 씻음을 받았으니 "참 마음과 온전한 믿음"으로 하나님께 나아가자.(히10:22) 그러므로 땅에 있는 지체를 죽이라 곧 음란과 부정과 사욕과 악한 정욕과 탐심이니 탐심은 우상 숭배니라.(골3:5) 하나님의 진노가 불의로 진리를 막는 자들의 모든 경건하지 않음과 불의에 대하여 하늘로 부터 나타나나니 이는 하나님을 알 만한 것이 그들 속에 보임이라 하나님께서 이를 그들에게 보이셨느니라.(롬1:18-19)

3장 믿음을 가진 자의 세상사는 지혜

여호와께서 말씀하시되 오라 우리가 서로 변론하자 너희 죄가 주홍 같을 지라도 눈과 같이 희어질 것이요 진홍같이 붉을지라도 양털 같이 희게 되리라(사1:18) 또 여호와를 기뻐하라 그가 네 마음의 소원을 네게 이루어 주시리로다(시37:4)

3장에서 드리는 교훈
- 복 있는 사람
- 화평
- 말(말씨)
- 행(행동)

● 복 있는 사람

사람들이 복 받기는 좋아하나 복 짓기는 싫어하니 짓지 아니한 복이 어디서 온단 말인가? 그는 종일토록 은혜를 베풀고 꾸어 주니 그의 자손들이 복을 받는도다.(시37:26) 여호와께서 주시는 복은 사람을 부하게 하고 근심을 겸하여 주지 아니 하시느니라(잠10:22) 또한 어떤 사람에게든지 하나님이 재물과 부요를 그에게 주사 능히 누리게 하시며 제 몫을 받아 수고함으로 즐거워하게 하신 것은 하나님의 선물이라. 그는 자기의 생명의 날을 깊이 생각하지 아니 하려니 이는 하나님이 그의 마음에 기뻐하는 것으로 응답하심이니라.(전5:19-20) 세상을 살아가는 대부분의 사람들이 말하는 복은 물질적인 것으로 돈, 재물, 명예, 권력 등 이 세상의 것들이며, 때론 행복, 기쁨, 마음의 여유 등 눈에 보이지 않는 것도 있지만 '세상의 복은 가져도 불안하고 만족이 없는 불안전한 소유'라는 것이다. "그가 죽음에 가져가는 것이 없고 그의 영광이 그를 따라 내려가지 못함이로다. 그가 비록 생시에 자기를 축하하며 스스로 좋게 함으로 사람들에게 칭찬을 받을지라도 그들은 그들의 역대 조상들에게로 돌아가리니 영원히 빛을 보지 못하리로다. 존귀하나 깨닫지 못하는 사람은 멸망하는 짐승 같도다.(시49:17-20)" "성경적인 복"은 절대 주권자이신 하나님께서 자신의 기쁘신 뜻을 따라 베푸시는 "은혜의 선물"임을 밝혀주고 있다. 또한 복은 "일반은총"에 속한 것이 아니고, "특별은총"에 속한 것이다. "하나님께 가까이 함이 내게 복이라(시73:28)" 나를 보내신 이가 나와 함께 하시도다 나는 항상 그가 기뻐하시는 일을 행함으로 나를 혼자 두지 아니하셨느니라.(요8:29) 지상이나 현세적이 아닌 내세적이고 신령한 것으로 "예수 그리스도를 통하여 세워질 영생의 하나님나라"를 의미한다. 다시 말하면, "십자가를 지신 그리스도 예수님과 동행하는 것이 진정한 복"이라는 생각이 든다. 여호와를 자기 하나님으로 삼은 나라 곧 하나님의 기업으로 선택된 백성은 복이 있도다(시33:12) 이러한 백성은 복이 있나니 여호와를 자기 하나님으로 삼은 백성은 복이 있도다(시144:15) 예수께서 이르시되 내가 곧 길이요 진리요 생명이니 나를 말미암지 않고는 아버지께로 올 자가 없느니라.(요14:6) 내가 어려서부터 늙기까지 의인이 버림을 당하거나 그의 자손이 걸식함을 보지 못하였도다.(시37:25) 심령이 가난한 자는 복이 있나니 천국이 그들의 것임이요. 애통하는 자는 복이 있나니 그들이 위로를 받을 것임이요. 온유한 자는 복이 있나니 그들이 땅을 기업으로 받을 것임이요. 의에 주리고 목마른 자는 복이 있나니 그들이 배부를 것임이요. 긍휼히 여기는 자는 복이 있나니 그들이 긍휼히 여김을 받을 것임이요. 마음이 정결한 자는 복이 있나니 그들이 하나님을 볼 것임이요. 화평하게 하는 자는 복이 있나니 그들이 하나님의 아들이라 일컬음을 받을 것임이요. 의를 위하여 박해를 받는 자는 복이 있나니 천국이 그들의 것임이라.(마5:3-10) ※ 위의 '8복은 천국의 현재성'을 나타내는 말씀으로 '그때에 의인들은 자기 아버지 나라에서 해와 같이 빛나리라 귀 있는 자는 들으라(마13:43)'와 '지혜 있는 자는 궁창의 빛과 같이 빛날 것이요 많은 사람을 옳은 대로 돌아오게 한 자는 별과 같이 영원토록 빛나리라.(단12:3)' 또한 '너희가 알 것은 죄인을 미혹된 길에서 돌아서게 하는 자는 그의 영혼을 사망에서 구원할 것이며 허다한 죄를 덮을 것임이라(약5:20)'는 같은 의미를 내포하고 있다. 또 복에 대한 말씀을 성경의 구약 시편에서 보면, '시편의 제1편 1-6절에 복 있는 사람'을 "전체 시편의 서시"로 설정하셨다. "복 있는 사람은 악인들의 꾀를 따르지 아니하며 죄인들의 길에 서지 아니하며 오만한 자들의 자리에 앉지 아니하고 오직 여호와의 율법을 즐거워하여 그의 율법을 주야로 묵상하는 도다. 그는 시냇가에 심은 나무가 철을 따라 열매를 맺으며 그 잎사귀가 마르지 아니함 같으니 그가 하는 모든 일이 다 형통하리로다. 악인들은 그렇지 아니함이여 오직 바람에 나는 겨와 같도다. 그러므로 악인들은 심판을 견디지 못하며 죄인들은 의인들의 모임에 들지 못하리로다. 무릇 의인들의 길은 여호와께서 인정하시나 악인들의 길은 망하리로다.(시1:1-6)" 높은 사람이나 낮은 사람을 막론하고 여호와를 경외하는 자들에게 복을 주시리로다.(시115:13)

내가 해 아래에서 한 가지 불행한 일이 있는 것을 보았나니 이는 사람의 마음을 무겁게 하는 것이라. 어떤 사람은 그의 영혼이 바라는 모든 소원에 부족함이 없어 재물과 부요와 존귀를 하나님께 받았으나 하나님께서 그가 그것을 누리도록 허락하지 아니하셨으므로 다른 사람이 누리나니 이것도 헛되어 악한 병이로다.(전6:1-2) 그들에게 이르시되 삼가 모든 탐심을 물리치라 사람의 생명이 그 소유의 넉넉함에 있지 아니하니라.(눅12:15) 재물은 진노하시는 날에 무익하나 공의는 죽음에서 건지느니라.(잠11:4) 모든 지킬 만

한 것 중에 더욱 네 마음을 지키라 생명의 근원이 이에서 남이라.(잠4:23)

● 화평

평안이 내부적으로 안정되고 평온한 상태를 말한다면, 화평은 외부적인 상황에서 오는 갈등과 분쟁이 원만하게 해소되어 평온한 상태를 말한다. 성경에서의 "화평"이란 '하나님을 모르는 자가 하나님을 믿게 되고', "예수 그리스도의 피 공로"로 모든 죄에서 깨끗하게 되어 '평안'를 얻는 것이다. 그가 빛 가운데 계신 것같이 우리도 빛 가운데 행하면 우리가 서로 사귐이 있고 그 아들 예수의 피가 우리를 모든 죄에서 깨끗하게 하실 것이요(요일1:7), 온전한 사람을 살피고 정직한 자를 볼지어다. 모든 화평한 자의 미래는 평안이로다.(시37:37)

너희에게 그의 "십자가의 피로 화평"을 이루사 만물 곧 땅에 있는 것들이나 하늘에 있는 것들이 그로 말미암아 자기와 화목하게 되기를 기뻐하심이라.(골1:20) 그가 열방 사이에 판단하시며 많은 백성을 판결하시리니 무리가 그들의 칼을 쳐서 보습을 만들고 그들의 창을 쳐서 낫을 만들 것이며 이 나라와 저 나라가 다시는 칼을 들고 서로 치지 아니하며 다시는 전쟁을 연습하지 아니하리라(사2:4) 공의의 열매는 화평이요 공의의 결과는 영원한 평안과 안전이라

(사32:17) 이제는 전에 멀리 있던 너희가 그리스도 예수 안에서 그리스도의 피로 가까워졌느니라. 그는 우리의 '화평'이신지라 둘로 하나를 만드사 원수된 것 곧 중간에 막힌 담을 자기 육체로 허시고 법조문으로 된 계명의 율법을 폐하셨으니 이는 이 둘로 자기 안에서 한 새 사람을 지어 '화평'하게 하시고 또 십자가로 이 둘을 한 몸으로 하나님과 화목하게 하려 하심이라 원수 된 것을 십자가로 소멸하시고 또 오셔서 먼 데 있는 너희에게 평안을 전하시고 가까운데 있는 자들에게 평안을 전하셨으니 이는 그로 말미암아 우리 둘이 한 성령 안에서 아버지께 나아감을 얻게 하려 하심이라.(엡2:13-18) 화평하게 하는 자는 복이 있나니 그들이 하나님의 아들이라 일컬음을 받을 것임이요.(마5:9) 화평하게 하는 자들은 화평으로 심어 의의 열매를 거두느니라.(약3:18) 악을 버리고 선을 행하며 화평을 찾아 따를지어다.(시34:14) 모든 사람과 더불어 화평함과 거룩함을 따르라 이것이 없이는 아무도 "주를 보지 못하리라".(히12:14) 너희는 처음부터 들은 것을 너희 안에 거하게 하라 처음부터 들은 것이 너희 안에 거하면 너희가 아들과 아버지 안에 거하리라.(요일2:24) 이는 너희가 죽었고 너희 생명이 그리스도와 함께 하나님 안에 감추어졌음이라.(골3:3) 네가 만일 전능자에게로 돌아가면 네가 지음을 받을 것이며 네 장막에서 불의를 멀리하리라. 네 보화를 티끌로 여기고 오빌의

금을 계곡의 돌로 여기라 그리하면 전능자가 네 보화가 되시며 네게 고귀한 은이 되시리니 이에 네가 전능자를 기뻐하여 하나님께로 얼굴을 들 것이라 너는 그에게 기도하겠고 그는 들으실 것이며 너의 서원을 네게 갚으리라 네가 무엇을 결정하면 이루어질 것이요 네 길에 빛이 비치리라 사람들이 너를 낮추거든 너는 교만했노라고 말하라 하나님은 겸손한 자를 구하시리라. 죄 없는 자가 아니라도 건지시리니 네 손이 깨끗함으로 말미암아 건지심을 받으리라.(욥22:23-30) 하나님을 가까이 하라 그리하면 너희를 가까이하시리라 죄인들아 손을 깨끗이 하라 두 마음을 품은 자들아 마음을 성결하게 하라(약4:8) 오직 믿음으로 구하고 조금도 의심하지 말라 의심하는 자는 마치 바람에 밀려 요동하는 바다 물결 같으니(약1:6) 두 마음을 품어 모든 일에 정함이 없는 자로다.(약1:8) 오직 위로부터 난 지혜는 첫째 성결하고 다음에 화평하고 관용하고 양순하며 긍휼과 선한 열매가 가득하고 편견과 거짓이 없나니(약3:17) 할 수 있거든 너희로서는 모든 사람과 더불어 화목 하라.(롬12:18) 악을 갚겠다 말하지 말고 여호와를 기다리라 그가 너를 구원하시리라.(잠20:22) 내 사랑하는 자들아 너희가 친히 원수를 갚지 말고 하나님의 진노하심에 맡기라 기록되었으되 원수 갚는 것이 내게 있으니 내가 갚으리라고 주께서 말씀하시니라(롬12:19)

● 말(言)

우리가 다 실수가 많으니 만일 '말에 실수가 없는 자라면 곧 "온전한 사람"이라' 능히 몸도 굴레 씌우리라.(약3:2) 혀는 능히 길들일 사람이 없나니 쉬지 아니하는 악이요 죽이는 독이 가득한 것이다(약3:8)

내가 너희에게 이르노니 사람이 무슨 무익한 말을 하든지 심판 날에 이에 대하여 심문을 받으리니 네 말로 의롭다 함을 받고 네 말로 정죄함을 받으리라.(마12:36-37) 너희 말을 항상 은혜 가운데 소금으로 맛을 냄과 같이 하라 그리하면 각 사람에게 마땅히 대답할 것을 알리라(골4:6)

어느 대학교에서 "철학"을 전공하는 학생이 두 손으로 머리를 감싸고 담당 교수실을 들어오면서, "교수님, 제가 4년 동안 학교 도서관에 있는 책을 모두 읽어 보았는데 답을 못 찾아서 왔습니다. 도대체 '사람이 무엇입니까?' 교수께서 한참을 지켜보시더니, "그래, 내가 가르쳐 줄까"하시고는 학생을 대리고 시장의 '대형 유리제품 판매점' 앞에 도착했는데, 마침! 큰 트럭에서 유리제품들을 인부들이 내리고 있었답니다.

교수께서 제자에게 "저 제품의 포장지에 무엇이라고 쓰여 있느냐? '제자가 "취급주의요" 교수께서 또 다른 말은? "깨지기 쉬운 제품"입니다. '그럼 되었네.' 그때서야 제자는 고개를 끄덕이며 돌아왔다고 합니다. 여기서 우리가 꼭 기억해야 할 것은 〈행동은 깨지기 쉬운 제품〉〈말은 취급주의〉을 기억하고 살면 대인관계에 거침이 없답니다. "말로 마음에 상처를 주지 말라는 것"입니다.

명철한 사람의 입의 말은 깊은 물과 같고 지혜의 샘은 솟구쳐 흐르는 내와 같으니라(잠18:4) 사람은 그 입의 대답으로 말미암아 기쁨을 얻나니 때에 맞는 말이 얼마나 아름다운고.(잠15:23) '경우에 합당한 말은 아로새긴 은 쟁반의 금 사과'니라(잠25:11) 의인의 마음은 대답할 말을 깊이 생각하여도 악인의 입은 악을 쏟느니라.(잠15:28) "말씀은 사람의 인생을 새롭게 변화"시킵니다. 성경의 한 구절이라도 마음에 와 닿을 때에 인생의 변화 즉 기적이 일어나는 것입니다. 이 세상에서의 성공은 부자가 되거나 큰 권력을 얻어서 자기가 그리던 목표를 달성하는 것을 말하지만, 성경에서는 '영적인 것'으로 "말씀은 우리를 영생으로 인도하는 안내자요, 천국으로 가는 영혼의 나침반"입니다. 모든 성경은 하나님의 감동으로 된 것으로 교훈과 책망과 바르게 함과 의로 교육하기 유익하니 이는 하나님의 사람으로 온전하게 하며 모든 선한 일을 행할 능력을 갖추게 하려 함이라(딤후 3:16-17) 곧 성도로서 하나님 나라에 들어가는 것 곧 천국에 가는 것이 '최고의 성공'입니다.

※ 스티브 핸들러는 성공을 가로막는 13가지 거짓말로
① 하고 싶지만 시간이 없어서.
② 인맥이 있어야 뭘 하지.
③ 이 나이에 뭘 할 수 있겠어.
④ 왜 나에겐 걱정거리만 생기지.
⑤ 이런 것도 못하다니, 난 실패자야.
⑥ 사실 난 용기가 없어.
⑦ 사람들이 날 화나게 해.
⑧ 오랜 습관이라 버리기가 어려워.
⑨ 그건 내가 할 수 있는 일이 아냐.
⑩ 맨 정신으로 살 수 없는 세상이야.
⑪ 가만히 있으면 중간이나 가지.
⑫ 난 원래 이렇게 생겨 먹었어.
⑬ 상황이 협조를 안 해줘.

이 13가지 거짓말을 공감 하시나요? "거짓 생각과 말 그리고 행동"으로는 성공할 수 없습니다. 바로 '패배자가 써먹는 변명'입니다. 거짓말하는 자는 자기가 해한 자를 미워하고 아첨하는 입은 패망을 일으키느니라(잠26:28) "승리자는 근면과 성실 그리고 사람들과의 신뢰관계 구축"이 성공을 만듭니다. 나무가 다하면 불이 꺼지고 말쟁이가 없어지면 다툼이 쉬느니라(잠26:20) "말도 아름다운 꽃처럼 그 색깔"

을 지니고 있다.〈E. 리스〉 무릇 더러운 말은 너희 입 밖에도 내지 말고 오직 덕을 세우는데 소용되는 대로 선한 말을 하여 듣는 자들에게 은혜를 끼치게 하라.(엡4:29) 사랑은 덕을 세우나니(고전8:1) 그러므로 너희가 더욱 힘써 너희 믿음에 덕을, 덕에 지식을, 지식에 절제를, 절제에 인내를, 인내에 경건을, 경건에 형제 우애를, 형제 우애에 사랑을 더하라(벧후1:5-7) 끝으로 형제들아 무엇에든지 참되며 무엇에든지 경건하며 무엇에든지 옳으며 무엇에든지 정결하며 무엇에든지 사랑 받을 만하며 무엇에든지 칭찬 받을 만하며 무슨 덕이 있든지 무슨 기림(기념)이 있든지 이것들을 생각하라. 너희는 내게 배우고 받고 듣고 본 바를 행하라 그리하면 평강의 하나님이 너희와 함께 계시리라(빌4:8-9)

● 행(行動)

무슨 일을 하든지 마음을 다하여 주께 하듯 하고 사람에게 하듯 하지 말라(골3:23)=기쁜 마음으로 섬기기를 주께 하듯 하고 사람에게 하듯 하지 말라.(엡6:7) 편견은 사람을 사랑할 수 없게 만들고, 오만은 다른 사람이 나를 사랑할 수 없게 만든다. "겸손함"으로 살아라. '그를 높이라 그리하면 그가 너를 높이 들리라 만일 그를 품으면 그가 너를 영화롭게 하리라'(잠4:8) "내가 가진 것을 주는 것은 진정으로 주는 것이 아니다." "나를 받치는 것이 진정으로 주는 것이다.

▶사람이 친구를 위하여 자기 목숨을 버리면 이보다 더 큰 사랑이 없나니 너희는 내가 명하는 대로 행하면 곧 나의 친구라(요15:13-14) 그가 빛 가운데 계신 것 같이 우리도 빛 가운데 행하면 우리가 서로 사귐이 있고 그 아들 예수의 피가 우리를 모든 죄에서 깨끗하게 하실 것이요(요일1:7) 빛의 열매는 모든 착함과 의로움과 진실함에 있느니라(엡5:9) 육안으로 보이지 않는 것을 넉넉하게 소유하라. '우리가 잠시 받는 환난의 경한 것이 지극히 크고 영원한 영광의 중한 것을 우리에게 이루게 함이니 우리가 주목하는 것은 보이는 것이 아니요 보이지 않는 것이니 보이는 것은 잠깐이요 보이지 않는 것은 영원함이라'(고후4:17-18) 기억 하소서 주께서 내 몸 지으시기를 흙을 뭉치듯 하셨거늘 다시 나를 티끌로 돌려보내려 하시나이까(욥10:9) 아침과 저녁 사이에 부스러져 가루가 되며 영원히 사라지되 기억하는 자가 없으리라 장막 줄이 그들에게서 뽑히지 아니하겠느냐 그들은 '지혜'가 없어 죽느니라.(욥3:20-21) ▶그리스도는 하나님의 능력이요 지혜니라.(고전1:24) "섬김을 생활화" 하라. 너희 인내로 너희 영혼을 얻으리라(눅21:19) 그러므로 하늘에 계신 너희 아버지의 온전하심과 같이 너희도 온전 하라.(마5:48) "언과 행"이 조화를 이룰 때에 인격이 보인다. '인격은 자기 소개에 의해서 판단'되는 것이 아니다. 인생을 살아가다 보면 '우연처럼 다가오는 필연'이 있다. 그러나 어느 한 가지도

'진정한 우연은 없다.' 어느 때 어느 한 순간도 꿈의 날개짓을 멈추지 마라. 하늘은 스스로 돕는 자를 돕는다. "그대 눈은 무엇을 찾고 있는가?" 어떤 사람이 어느 날 길을 가다가 '오만 원'을 주었다. 그 후에 그 사람은 길을 걸을 때마다 땅만 바라보고 걷는 습관이 생겼다. 한 평생을 땅만 바라보는 습관은 어깨를 굽게 만들었고, '푸른 하늘과 아름다운 꽃'을 보지 못하게 하고 말았다. 한 쪽만을 바라보는 왜곡된 시선은 자신을 가두어 고립 시킨다. '위대함과 평범함의 차이는 하루하루를 자기의 소망 속에 재창조 하는 능력과 열정'에 달려있다. '화'를 나게 하는 원인은 무엇인가? '기대치와 실현도의 차이'가 아닐까? ※ 화(anger), 위험(danger), 깊다(deep) ⁂ 화가 깊어지면 위험하다. ※ 화가 나면 10을 세어라, 죽이고 싶으면 100을 세어라! 나의 눈에 남의 결함이 보이면 '자신에게 있는 결함'을 찾아낼 뿐 남을 탓하지 말라. 충고는 더 더욱 금물이다. (● 어리석은 자는 충고를 받아드리지 않고, 현명한 자에게는 충고가 필요 없다고 한다.) 또한 나의 결함은 세상을 살아갈 이유가 남아 있다는 것이다. ※ 인간이나 만물은 다 익으면 떨어진다. '성실함의 잣대로 자신을 평가'하라, 그리고 '관대함의 잣대로 남을 평가'하라(존미첼 메이슨) '사람이 성내는 것이 하나님의 의를 이루지 못함이라'(약1:20), 노하기를 맹렬히 하는 자는 벌을 받을 것이라 내가 그를 건져 주면 다시 그런 일이 생기리라.(잠19:19) 노하기를 더디하는 자는 용사보다 낫고 자기의 마음을 다스리는 자는 성을 빼앗는 자보다 나으니라(잠16:32) 세상에서 가장 어려운 일은 세상을 바꾸는 것이 아니라 "당신 자신을 바꾸는 것"이다.(넬슨 만델라) '모든 것이 안 변해도 내가 변하면, 모든 것이 변한 것'이다. 변화에서 '가장 힘든 것은 새로운 것을 생각해 내는 것이 아니라 이전에 가지고 있던 틀〈습관〉에서 벗어나는 것이다'(존 메이너드 케인즈). ※ 그는 하나의 '좋은 습관을 만드는데 필요한 시간은 66일(1584시간)' 우리가 습관을 만들고, 그 후엔 습관이 우리를 지배한다.

4장 하나님의 사람

4장에서 드리는 교훈
- 믿음의 선한 싸움을 싸워라
- 영생을 취하라
- 불가능
- 여호와의 사상
- 감사로 제사를 드리는 자

● 믿음의 선한 싸움을 싸우라

 나는 선한 싸움을 싸우고 나의 달려갈 길을 마치고 믿음을 지켰으니 이제 후로는 나를 위하여 의의 면류관이 예비되었으므로 주 곧 의로운 재판장이 그날에 내게 주실 것이며 내게만 아니라 주의 나타나심을 사모하는 모든 자에게도니라(딤후4:7-9) 너희 믿음의 확실함은 불로 연단하여도 없어질 금보다 더 귀하여 예수 그리스도께서 나타나실 때에 칭찬과 영광과 존귀를 얻게 할 것이니라 예수를 너희가 보지 못하였으나 사랑하는도다 이제도 보지 못하나 믿고 말할 수 없는 영광스러운 즐거움으로 기뻐하니 믿음의 결국 곧 영혼 구원을 받으리라(벧전1:7~9) 시험을 참는 자는 복이 있나니 이는 시련을 견디어 낸 자가 주께서 자기를 사랑하는 자들에게 약속하신 생명의 면류관을 얻을 것이기 때문이라(약1:12) 네가 부르심을 받았고 많은 증인 앞에서 선한 증언을 하였도다.(딤전6:12) 우리는 낮에 속하였으니 정신을 차리고 믿음과 사랑의 호심경을 붙이고 구원의 소망의 투구를 쓰자.(갈5:8) 구원의 투구와 성경의 검 곧 하나님의 말씀을 가지라(엡6:17) 하나님의 말씀은 살아 있고 활력이 있어 좌우에 날선 어떤 검보다도 예리하여 혼과 영과 및 관절과 골수를 찔러 쪼개기까지 하며 또 마음의 생각과 뜻을 판단하나니(히4:12) 그러므로 백성을 위하여 속죄제를 드림과 같이 또한 자신을 위하여도 드리는 것이 마땅하니라.(히5:3) "선한 싸움"은 "하나님의 뜻 안에서 영생을 얻기 위한 성도들의 참마음과 온전한 믿음을 의미한다. 예수께서 우리를 위하여 죽으사 우리로 하여금 깨어 있든지 자든지 자기와 함께 살게 하려 하셨느니라.(갈5:10) 하나님이 한두 번 하신 말씀을 내가 들었나니 권능은 하나님께 속하였다 하셨도다.(시62:11)

하나님의 나라는 말에 있지 아니하고 오직 능력에 있음이라.(고전4:20) 그러나 끝까지 견디는 자는 구원을 얻으리라.(마24:13)

※ 중국 극동지방에서만 자라는 "모소대나무"는 씨앗에서 싹이 트고 수년간 농부들이 매일 정성을 드려도 4년간 겨우 3cm밖에 자라지 못하는데, 5년째 되는 날부터는 하루에

무려 30cm가 넘게 자라서 6주 동안에 15m이상 자란다고 합니다. 나중에 농부가 땅을 파보니, 4년간 자라지 않은 것이 아니라 뿌리가 땅 속에서 깊고 넓게 분포하고 있더라는 것입니다. 결코 흔들리지 않는 '모소대나무' 뿌리같이 우리 성도들의 믿음의 인내가 깊고 넓게 자리 잡았으면 하는 간절한 바램입니다. ▶ 믿음으로 말미암아 그리스도께서 너희 마음에 계시게 하시옵고 너희가 사랑 가운데서 뿌리가 박히고 터가 굳어져서 능히 모든 성도와 함께 지식에 넘치는 그리스도의 사랑을 알고 그 너비와 길이와 높이와 깊이가 어떠함을 깨달아 하나님의 모든 충만하신 것으로 너희에게 충만하게 하시기를 구하노라.(엡3:17-19) 우리가 시작할 때에 확신한 것을 끝까지 견고히 잡고 있으면 그리스도와 함께 참여한 자가 되리라(히3:14) 내가 이미 얻었다 함도 아니요 온전히 이루었다 함도 아니라 오직 내가 그리스도 예수께 잡힌바 된 그것을 잡으려고 달려가노라 형제들아 나는 아직 내가 잡은 줄로 여기지 아니하고 오직 한 일 즉 뒤에 있는 것은 잊어버리고 앞에 있는 것을 잡으려고 푯대(하나님 나라)를 향하여 그리스도 예수 안에서 하나님이 위에서 부르신 부름의 상(면류관)을 위하여 달려가노라 그러므로 누구든지 우리 온전히 이룬 자들은 이렇게 생각할 지니 만일 어떤 일에 너희가 달리 생각하면 하나님이 이것도 너희에게 나타내시리라.(빌3:12-15) 교만이 오면 욕도 오거니와 겸손한 자에게는 지혜가 있느니라.(잠11:2) 누구든지 귀가 있거든 들을지어다. 사로잡힐 자는 사로잡혀 갈 것이요 칼에 죽을 자는 마땅히 칼에 죽을 것'이니 "성도들의 인내와 믿음"이 여기 있느니라.(계13:9-10) 성도들의 인내가 여기 있으니 그들은 하나님의 계명과 예수에 대한 믿음을 지키는 자니라.(계14:12)

※ 다시 말해서 "선한 것은 예수를 믿고 구원을 받은 사람" 바로 그리스도인의 표상이다. '사람아 주께서 선한 것이 무엇임을 네게 보이셨나니 여호와께서 네게 구하시는 것은 오직 정의를 행하며 인자[하늘에서 내려온 자(3:13)]를 사랑하며 겸손하게 네 하나님과 함께 행하는 것이 아니냐!(미6:8)' 그러므로 사람이 선을 행할 줄 알고도 행하지 아니하면 죄니라(약4:17) 네가 선을 행하면 어찌 낯을 들지 못하겠느냐 선을 행하지 아니하면 죄가 문에 엎드려 있느니라. 죄가 너를 원하나 너는 죄를 다스릴지니라.(창4:7)

형제들아 너희는 삼가 혹 너희 중에 누가 믿지 아니하는 악한마음을 품고 살아계신 하나님에게서 떨어질까 조심할 것이요(히3:12) 누가 철학과 헛된 속임수로 너희를 사로잡을까 주의하라 이것은 사람의 전통과 세상의 초등학문을 따름이요 그리스도를 따름이 아니니라.(골2:8)

곧 선행으로 어리석은 사람들의 무식한 말을 막으시려는 것이라.(벧전2:15) 선한 사람은 그 쌓은 선에서 선한 것을 내고 악한 사람은 그 쌓은 악에서 악한 것을 내느니라.(마 12:35) 선한 일을 행한 자는 생명의 부활로 악한 일을 행한 자는 심판의 부활로 나오리라(요5:29)

부하려 하는 자들은 시험과 올무와 여러 가지 어리석고 해로운 욕심에 떨어지나니 곧 사람으로 파멸과 멸망에 빠지게 하는 것이라 돈을 사랑함이 일만 악의 뿌리가 되나니 이것을 탐내는 자들은 미혹을 받아 믿음에서 떠나 많은 근심으로써 자기를 찔렀도다. 오직 너 하나님의 사람아 이것들을 피하고 의와 경건과 믿음과 사랑과 인내와 온유를 따르며 믿음의 선한 싸움을 싸우라.(딤전6:9-12) 선을 행하고 선한 사업을 많이 하고 나누어 주기를 좋아하며 너그러운 자가 되게 하라 이것이 장래에 자기를 위하여 좋은 터를 쌓아 참된 생명을 취하는 것이니라.(딤전6:18-19) 무릇 그리스도 예수 안에서 경건하게 살고자 하는 자는 박해를 받으리라(딤후3:12) 내가 달려갈 길과 주 예수께 받은 사명 곧 하나님의 은혜의 복음을 증언하는 일을 마치려 함에는 나의 생명조차 조금도 귀한 것으로 여기지 아니하노라(행20:24) 악한 사람들과 속이는 자들은 더욱 악하여져서 속이기도 하고 속기도 하나니(딤후3:13) 만일 너희 믿음의 제물과 섬김 위에 내가 나를 전제로 드릴지라도 나는 기뻐하고 너희 무리와 함께 기뻐하리니(빌2:17) 모든 일을 원망과 시비가 없이하라(빌3:14) 너희는 처음부터 들은 것을 너희 안에 거하게 하라 처음부터 들은 것이 너희 안에 거하면 너희가 아들과 아버지 안에 거하리라(요일2:24) 그러므로 너희 선한 것이 비방을 받지 않게 하라 하나님의 나라는 먹는 것과 마시는 것이 아니요 오직 성령 안에 있는 의와 평강과 희락이라.(롬14:16-17)

사랑하는 자들아 너희를 연단하려고 오는 불 시험을 이상한 일 당하는 것같이 이상히 여기지 말고 오히려 너희가 그리스도의 고난에 참여하는 것으로 즐거워하라 이는 그의 영광을 나타나실 때에 너희로 즐거워하고 기뻐하게 하려 함이라.(벧4:12-13) 그러므로 하나님의 뜻대로 고난을 받는 자들은 또한 선을 행하는 가운데에 그 영혼을 미쁘신 창조주께 의탁할지어다.(벧전4:19)

● 영생을 취하라

물이 바다를 덮음같이 여호와를 아는 지식이 세상에 충만할 것임이니라.(사11:9)

※ 영생 : 하나님께서 예수 그리스도 안에서 성도가 누릴 수 있는 시. 공(시간과 공간)을 초원한 삶을 의미한다.
※ 여호와의 계획은 영원히 서고 그의 생각은 대대에 이르리로다.(시33:11) 아버지께서 아들에게 주신 모든 사람에게 영생을 주게 하시려고 만민을 다스리는 권세를 아들

에게 주셨음이로소이다.(요17:2) 내가 진실로 진실로 너희에게 이르노니 내 말을 듣고 또 나 보내신 이를 믿는 자는 영생을 얻었고 심판에 이르지 아니하나니 사망에서 생명으로 옮겼느니라.(요5:24)

영생은 곧 유일하신 참 하나님과 그가 보내신 자 예수 그리스도를 아는 것이니라.(요17:3) 예수께서 이르시되 '나는 부활이요 생명이니 나를 믿는 자는 죽어도 살겠고 무릇 살아서 나를 믿는 자는 영원히 죽지 아니하리니' 이것을 네가 믿느냐.(요11:25-26) 오직 이것을 기록함은 너희로 예수께서 하나님의 아들 그리스도이심을 믿게 하려 함이요 또 너희로 믿고 그 이름을 힘입어 생명을 얻게 하려 함이니라(요20:31) 누구든지 예수를 하나님의 아들이라 시인하면 하나님이 그의 안에 거하시고 그도 하나님 안에 거하느니라(요일4:15) 내 아버지의 뜻은 아들을 보고 믿는 자마다 영생을 얻는 이것이니 마지막 날에 내가 이를 다시 살리리라 하시니라(요6:40) 예수께서 이르시되 내가 진실로 진실로 너희에게 이르노니 인자의 살을 먹지 아니하고 인자의 피를 마시지 아니하면 너희 속에 생명이 없느니라. 내 살을 먹고 내 피를 마시는 자는 영생을 가졌고 마지막 날에 내가 그를 다시 살리리니 내 살은 참된 양식이요 내 피는 참된 음료로다.(요6:53-55) 내가 내 자의로 말한 것이 아니요 나를 보내신 아버지께서 내게 말한 것과 이를 친히 명령하여 주셨으니 나는 "그의 명령이 영생"인 줄 아노라 그러므로 내가 이것을 이르는 것은 내 아버지께서 내게 말씀 하신 그대로니라.(요13:49-50) 만일 죽은 자가 다시 살아나는 일이 없으면 그리스도도 다시 살아나신 일이 없었을 터이요. 그리스도께서 다시 살아나는 일이 없으면 너희 믿음도 헛되고 너희가 여전히 죄 가운데 있을 것이요 또한 그리스도 안에서 잠자는 자도 망하였으리니 만일 그리스도 안에서 우리가 바라는 것이 다만 이 세상의 삶뿐이면 모든 사람 가운데 우리가 더욱 불쌍한 자이리라 그러나 이제 그리스도께서 죽은 자 가운데서 다시 살아나사 잠자는 자들의 첫 열매가 되셨도다. 사망이 한 사람으로 말미암았으니 죽은 자의 부활도 한 사람으로 말미암는 도다.

아담 안에서 모든 사람이 죽은 것같이 그리스도 안에서 모든 사람이 삶을 얻으리라(고전15:16-22) 예수는 우리가 범죄한 것 때문에 내줌이 되고 또한 우리를 의롭다 하시기 위하여 살아나셨느니라(롬4:25) 그러나 이제는 너희가 죄로부터 해방되고 하나님께 종이 되어 거룩함에 이르는 열매를 맺었으니 그 마지막은 영생이라 죄의 삯은 사망이요 하나님의 은사는 그리스도 예수 우리 주 안에 있는 영생이니라.(롬6:22-23) 또 아는 것은 우리는 하나님께 속하고 온 세상은 악한 자 안에 처한 것이며 또 아는 것은 하나님의 아들이 이르러 우리에게 지각을 주사 우리로 참된 자를 알게 하신 것과 또한 우리가 참된 자 곧 그의 아들 예수 그리스도 안에 있는 것이니 그는 "참 하나님이시요 영생"이시라.(요일5:20) 예수께서 이르시되 나는 부활이요 생명이니 나를 믿는 자는 죽어도 살겠고 무릇 살아서 믿는 자는 영원히 죽지 아니하리니 이것을 네가 믿느냐.(요11:25-26) 우리가 다 하나님의 아들을 믿는 것과 아는 일에 하나가 되어 온전한 사람을 이루어 그리스도의 장성한 분량이 충만한 데까지 이르리니.(엡4:13) 오직 사랑 안에서 참된 것을 하여 범사에 그에게까지 자랄지라. 그는 머리니 곧 그리스도라.(엡4:15) 하나님의 아들을 믿는 자는 자기 안에 증거가 있고 하나님을 믿지 아니하는 자는 하나님을 거짓말하는 자로 만드나니 이는 하나님께서 그 아들에 대하여 증언하신 증거를 믿지 아니하였음이라 또 증거는 이것이니 하나님이 우리에게 영생을 주신 것과 이 생명이 그의 아들 안에 있는 것이니라. 아들이 있는 자에게는 생명이 있고 하나님의 아들이 없는 자에게는 생명이 없느니라. 내가 하나님의 아들의 이름을 믿는 너희에게 이것을 쓰는 것은 너희로 하여금 너희에게 영생이 있음을 알게 하려 함이라.(요일5:10-13) 그가 우리에게 약속하신 것은 이것이니 곧 "영원한 생명"이니라.(요일2:25) ▶ 내가 그들에게 영생을 주노니 영원히 멸망하지 아니할 것이요 또 그들을 내 손에서 빼앗을 자가 없

느니라.(요10:28)

"나그네 인생 소풍 길"에서 해 떨어지기 전에 후회 남기지 말고 영생을 취하라 "익숙한 것에 속아 소중한 것을 잃지 말라" ✲✲ 이 세상 어느 보험을 가입해도 보장받을 수 없는 구원의 길! 하나님을 향한 천만 번의 프러포즈(참 마음과 온전한 믿음)로 영생을 취하라! ✲✲

● 불가능

불가능은 가능성을 예시하는 "푯대"이고 어제의 후회를 행동으로 옮기지 못한 '사랑과 믿음'이요 오늘의 소망은 참마음과 온전한 믿음으로 하나님께 나아갈 기회이다. 또한 그로 말미암아 우리가 믿음으로 서 있는 이 은혜에 들어감을 얻었으며 하나님의 영광을 바라보고 즐거워하느니라. 이뿐 아니라 우리가 환난 중에도 즐거워하나니 환난은 인내를, 인내는 연단을, 연단은 소망을 이루는 줄 앎이로다(롬5:2-4) "포기"는 인생 최고의 실수이며 실패하는 사람의 영원한 소유물이고, 인생 종착역에 있는 '변명의 창고'이다. 포기 하지 않는 것도 능력이다. '내일은 오는 것이 아니라, 만드는 것이며 '꿈 꾸는 자들에게 주어지는 축복이며 선물'이라는 것을 "잊지 마라!"

● 여호와의 사상

첫째 : 인간 타락의 죄

둘째 : 우상숭배(영적간음)의 허무

셋째 : 여호와의 용서와 구원이며

〈거의 모든 성경의 중심사상이다.〉

※ 하나님의 말씀을 보고 들으면서, 살아 역사하시는 하나님을 만나서 겸손하게 동행 하라. 우리는 그가 지으신 바라 그리스도 예수 안에서 선한 일을 위하여 지으심을 받은 자니 이 일은 하나님이 전에 예비하사 우리로 그 가운데에 행하게 하려 하심이니라.(엡2:10) 하나님의 뜻대로 하는 근심은 후회할 것이 없는 구원에 이르게 하는 회개를 이루는 것이요 세상 근심은 사망을 이루는 것이니라.(고후7:10) 사랑하는 자들아 너희를 연단하려고 오는 불 시험을 이상한 일 당하는 것같이 이상히 여기지 말고 오히려 너희가 그리스도의 고난에 참여하는 것으로 즐거워하라 이는 그의 영광을 나타나실 때에 너희로 즐거워하고 기뻐하게 하려 함이라(벧전4:12-13)

여호와는 자기를 경외하는 자들과 그의 인자하심을 바라는 자들을 기뻐하시는 도다(시147:11) 믿음이 없이는 하나님을 기쁘시게 하지 못하나니 하나님께 나아가는 자는 반드시 그가 계신 것과 또한 그가 자기를 찾는 자들에게 상 주시는 이심을 믿어야 할지니라(히11:6) 이로써 그리스도를 섬기는 자는 하나님을 기쁘시게 하며 사람에게도 칭찬을 받느니라(롬14:18) 여호와의 모든 길은 그의 언약과 증거를 지키는 자에게 인자와 진리로다(시25:10)

● 감사로 제사를 드리는 자
  (하나님께 받은 은혜에 찬양으로 예배드리는 자)

거짓되고 헛된 것을 숭상하는 모든 자는 자기에게 베푸신 은혜를 버렸사오나 나는 감사하는 목소리로 주께 제사를 드리며 나의 서원을 주께 갚겠나이다. 구원은 여호와께 속하였나이다 하니라(욘2:8-9) 감사로 제사를 드리는 자가 나를 영화롭게 하나니 그의 행위를 옳게 하는 자에게 내가 하나님의 구원을 보이리라(시50:23) 무릇 이 규례를 행하는 자에게와 하나님의 이스라엘(혈통이 아닌)에게 평강과 긍휼이 있을지어다.(갈6:16) 내가 주께 감사제를 드리고 여호와의 이름을 부르리이다.(시116:17)

① 영적 감사 : 너희 몸을 하나님이 기뻐하시는 산 제물로 드려라 이는 너희가 드릴 영적 예배니라.(롬12:1) 그러므로 하나님의 뜻대로 고난을 받는 자들은 또한 선을 행하는 가운데에 그 영혼을 미쁘신 창조주께 의탁할지어다.(벧전4:19)

② 마음으로 감사 : 의인이여 너희는 여호와로 말미암아 기뻐하며 그의 거룩한 이름에 감사할지어다(시97:12) 모든 지킬 만한 것 중에 더욱 네 마음을 지키라 생명의 근원이 이에서 남이니라(잠4:23) 여호와는 나의 힘과 방패이시니 내 마음이 그를 의지하여 도움을 얻었도다. 그러므로 내 마음이 크게 기뻐하며 내 노래로 그를 찬송하리로다(시28:7)

③ 물질로 감사 : 너희 성도들아 여호와를 경외하라 그를 경외하는 자에게는 부족함이 없도다(시34:9) 믿는 무리가 한 마음과 한 뜻이 되어 모든 물건을 서로 통용하고 자기 재물을 조금이라도 자기 것이라 하는 이가 하나도 없더라.(행4:32) 만군의 여호와가 이르노라 너희의 온전한 십일조를 창고에 들여 나의 집에 양식이 있게 하고 그것으로 나를 시험하여 내가 하늘 문을 열고 너희에게 복을 쌓을 곳이 없도록 붓지 아니하나 보라(말3:10) 주라 그리하면 너희에게 줄 것이니 곧 후히 되어 누르고 흔들어 넘치도록 하여 너희에게 안겨 주리라(눅6:38) 이 봉사의 직무가 성도들의 부족한 것을 보충할 뿐 아니라 사람들이 하나님께 드리는 많은 감사로 말미암아 넘쳤느니라.(고후9:12) 누가 너를 남달리 구별하였느냐 네게 있는 것 중에 받지 아니한 것이 무엇이냐 네가 받았은즉 어찌하

여 받지 아니한 것같이 자랑하느냐(고전4:7) 만일 하늘에서 주신 바 아니면 사람이 아무 것도 받을 수 없느니라.(요3:27) 우리가 무슨 일이든지 우리에게서 난 것같이 스스로 만족할 것이 아니니 우리의 만족은 오직 하나님으로부터 나느니라.(고후3:5) 은을 사랑하는 자는 은으로 만족하지 못하고 풍요를 사랑하는 자는 소득으로 만족하지 아니하나니 이것도 헛되도다(전5:10) 눈은 보아도 족함이 없고 귀는 들어도 가득차지 아니하도다.(전1:8) 그가 모태에서 벌거벗고 나왔은즉 그가 나온 대로 돌아가고 수고하여 얻은 것을 아무것도 자기 손에 가지고 가지 못하리니 이것도 큰 불행이라 어떻게 왔든지 그대로 가리니 바람을 잡는 수고가 그에게 무엇이 유익하랴.(전5:15-16) 진실로 각 사람은 그림자같이 다니고 헛된 일로 소란하며 재물을 쌓으나 누가 거둘지는 알지 못하나이다. 주여 이제 내가 무엇을 바라리요. 나의 소망은 주께 있나이다.(시39:6-7) 항상 우리를 그리스도 안에서 이기게 하시고 우리로 말미암아 각처에서 그리스도를 아는 냄새를 나타내시는 하나님께 감사하노라(고후2:14) 젊은 사자는 궁핍하여 주릴지라도 여호와를 찾는 자는 모든 좋은 것에 부족함이 없으리로다.(시34:10) 나의 하나님이 그리스도 예수 안에서 영광 가운데 그 풍성한 대로 너희 모든 쓸 것을 채우시리라.(빌4:19) 말할 수 없는 그의 은

사로 말미암아 하나님께 감사하노라.(고후9:15)

④ 믿음으로 감사 : 깨어 믿음에 굳게 서서 남자답게 강건하라(고전16:13) 너희가 그리스도 예수를 주로 받았으니 그 안에서 행하되 그 안에 뿌리를 박으며 세움을 받아 교훈을 받은 대로 믿음에 굳게 서서 감사함을 넘치게 하라.(골2:6-7)
이스라엘 사람들아 이 말을 들으라. 너희도 아는 바와 같이 하나님께서 나사렛 예수로 큰 권능과 기사와 표적을 너희 가운데서 베푸사 너희 앞에서 그를 증언하셨느니라.(행2:22)
너희는 믿음 안에 있는가 너희 자신을 시험하고 너희 자신을 확증하라 예수 그리스도께서 너희 안에 계신 줄을 너희가 스스로 알지 못하느냐 그렇지 않으면 너희는 버림받은 자니라.(고후13:5) 보내심을 받지 아니하였으면 어찌 전파하리요 기록된바 아름답도다. 좋은 소식을 전하는 자들의 발이여 함과 같으니라(롬10:15) 소망이 우리를 부끄럽게 하지 아니함은 우리에게 주신 성령으로 말미암아 하나님의 사랑이 우리 마음에 부은바 됨이니(롬5:5) 오직 하나님이 성령으로 이것을 우리에게 보이셨으니 성령은 모든 것 곧 하나님의 깊은 것까지도 통달하시느니라. 사람의 일을 사람 속에 있는 영 외에 누가 알리요 이와 같이 하나님의 일도 하나님의 영 외에는 아무도 알지 못하느니라(고전2:10-11) 만일 우리가 성령으로 살면 또한 성령으로 행할지니 헛된 영광을 구하여 서로 노엽게 하거나 서로 투기하지 말지니라(갈5:25-26) 자기의 육신을 위하여 심은 자는 육신으로부터 썩어질 것을 거두고 성령을 위하여 심은 자는 성령으로부터 영생을 거두리라(갈6:8)

너희가 다 믿음으로 말미암아 그리스도 예수 안에서 하나님의 아들이 되었으니 누구든지 그리스도와 합하기 위하여 세례를 받은 자는 그리스도로 옷 입었느니라.(갈3:26-27)

새 사람을 입었으니 이는 자기를 창조하신 이의 형상을 따라 지식에까지 새롭게 하심을 입은 자니라.(골3:10)

사랑하는 자들아 너희는 너희의 지극히 거룩한 믿음 위에 자신을 세우며 성령으로 기도하며 하나님의 사랑 안에서 자신을 지키며 영생에 이르도록 우리 주 예수 그리스도의 긍휼을 기다리라(유1:20-21) 마음으로 믿어 의에 이르고 입으로 시인하여 구원에 이르느니라.(롬10:10) 우리가 아직 죄인 되었을 때에 그리스도께서 우리를 위하여 죽으심으로 하나님께서 우리에 대한 자기의 사랑을 확증하셨느니라.(롬5:8) 범사에 감사하라 이것이 그리스도 예수 안에서 너희를 향하신 하나님의 뜻이니라.(살전

5:18)** 예수 그리스도의 몸을 단번에 드리심으로 말미암아 우리가 거룩함을 얻었고**(히10:10)**, 그가 거룩하게 된 자들을 한 번의 제사로 영원히 온전하게 하셨느니라**(히10:14)** 이제는 그의 육체의 죽음으로 말미암아 화목하게 하사 너희를 거룩하고 흠 없고 책망할 것이 없는 자로 그 앞에 세우고자 하셨으니**(골1:22)** 곧 우리 구주 홀로 하나이신 하나님께 우리 주 예수 그리스도로 말미암아 영광과 위엄과 권력과 권세가 영원 전부터 이제와 영원토록 있을지어다. 아멘

에필로그

내가
주를 찬미하오니

빛 가운데 주님은 저를 찾아 오셨습니다.
죽음의 자리에서 빛으로 오신 주님!
나를 직접 찾아오신 주님!
주님은 내 모든 죄악을 사하시며 내 모든 병을 고치시며 내 생명을 파멸에서 속량하시여 영생의 자리로 옮기셨습니다.
지난 세월을 돌이켜봅니다. 출애굽을 시작한 이스라엘 백성들의 광야생활 40년과 같았던 내 인생 광야생활 50년이었습니다. 블레셋 사람들에게 쫓기는 이스라엘 백성들, 가까운 길이 있었지만 먼 길을 돌아갔습니다. 하나님이 그 길로 인도하지 아니하셨기 때문입니다.
'하나님이 말씀하시기를 이 백성이 전쟁을 하게 되면 마음을 돌이켜 애굽으로 돌아갈까 하셨음이라'
40년 동안 이스라엘 백성은 많은 어려움을 겪게 됩니다. 마실 물이 없어서 모세를 원망하기도 하고 먹을 것이 없어서 모세를, 하나님을 원망을 했습니다. 그럼에도 불구하고 하나님은 은혜로 그들을 돌보셨습니다. 쓴 물을 단 물로 바꾸고 만나와 메추리를 주시며, 아말렉 족속과의 전투에서 모세의 손이 하늘에 올라가면 전쟁에서 승리했습니다. 시내산에서 십계명을 받고도, 하나님을 온전히 신뢰하지 못하는 백성들은 우상을 만들었습니다.

내 자신 또한 '세상의 윤리와 도덕'을 따라 살아왔던 인생이었습니다. 고난이 닥치자 삶을 저주하며, 목숨을 끊으려 했습니다. 그럴 때마다 주님은 빛으로 오셔서 저를 살려주셨습니다. 그러나 저는 그 때마다 주님을 외면했습니다. 세상의 좋다는 것을 가져봤지만, "주님을 알지 못했습니다." 그렇게 '우상'을 섬기며 살았습니다. 삶에서 진정한 승리는 "하나님"께 있었습니다. 내 인생 60년의 허망한 세월! 늘 통곡하며 회개해도 눈물이 부족하기만 합니다. 세상의 유혹과 육적인 탐심으로 불신과 죄악의 선봉장이었던 탕아를 오직 자비와 긍휼로 부르시는 하나님의 음성을 알아듣지 못했습니다.

"너희가 음란과 정욕과 술 취함과 방탕과 향락과 무법한 우상숭배를 하여 이방인의 뜻에 따라 행한 것은 지나간 때로 족하도다." 이 말씀이 뼈에 사무칩니다.

"만물의 마지막이 가까이 왔으니 그러므로 너희는 정신을 차리고 근신하여 기도하라. 무엇보다도 뜨겁게 서로 사랑할지니 사랑은 허다한 죄를 덮느니라. 서로 대접하기를 원망 없이 하고 각각 은사를 받은 대로 하나님의 여러 가지 은혜를 맡은 선한 청지기같이 서로 봉사하라."

오늘도 이 말씀을 부여잡고 주님 앞에 무릎 꿇고 참회의 제사를 올리고 있습니다. 이런 저에게 주님은 오셔서 말씀하십니다. "누구든지 그리스도 안에 있으면 새로운 피조물이라 이전 것은 자나갔으니 보라 새것이 되었도다." "이는 너희가 죽었고 너희 생명이 그리스도와 함께 하나님 안에 감추어졌음이라"

그가 빛 가운데 계신 것같이 우리도 빛 가운데 행하면 우리가 서로 사귐이 있고 그 아들 예수의 피가 우리의 모든 죄를 깨끗하게 하실 것이요 예수 그리스도의 십자가 보혈의 크신 공로와 살아 역사하시는 하나님의 참 사랑을 맞이합니다.

할렐루야! 아버지께서 주시는 모든 것을 감사로 받으면 모두가 은혜입니다. 강철도 물과 산소를 만나면 부식 되듯이 사람도 물과 산소를 마시며 늙어 갑니다. 사는 동안 아버지의 쓰임을 받는 그 순간이 최고의 축복입니다. 그러므로 누구든지 이런 것에서 자기를 깨끗하게 하면 귀히 쓰는 그릇이 되어 거룩하고 주인의 쓰임에 합당하며 모든 선한 일에 준비함이 되리라.

한없이 작아지기만 하는 나를 봅니다. 진정 나는 누구에게 사랑과 은혜를 베풀어 준 일이 있었던가? 나보다 남을 먼저 올곧게 섬겨본 적은 몇 번이나 될까? 기약 없는 행운을 찾아 정처 없이 헤매던 영혼을 접고, 오직 그리스도 예수 안에서 하나님께 영광을 돌릴 수 있는 삶을 간구합니다.
사람답게를 외치면서도 온갖 위선과 세상의 탐욕으로 자신을 덧칠했던 어제의 나를 벗어버립니다.
오직 주님이 창조하신 인간 본연의 참 모습을 간구합니다. 욕심도 권세도 내려놓고, 살아온 날보다 더 많은 죄를 지었던 죄인의 삶을 주님 앞에서 충심으로 통회합니다. 나를 부인하고 나의 십자가를 지고 주님 가신 십자가 사랑의 길을 피눈물로 간구합니다. 우리는 우리 자신이 사형 선고를 받은 줄 알았으니 이는 우리로 자기를 의지하지 말고 오직 죽은 자를 다시 살리시는 하나님만 의지하게 하심이라 그가 이같이 큰 사망에서 우리를 건지셨고 또 건지실 것이며 이 후에도 건지시기를 그에게 바라노라. '보옵소서 내게 큰 고통을 더하신 것은 내게 평안을 주려 하심이라 주께서 내 영혼을 사랑하사 멸망의 구덩이에서 건지셨고 내 모든 죄를 주의 등 뒤에 던지셨나이다.' "우리가 마음에 뿌림을 받아 악한 양심으로부터 벗어나고 몸은 맑은 물로 씻음을 받았으니, 참 마음과 온전한 믿음으로 하나님께 나아가자"
끝으로 이 지면을 통해서나마 꼭 감사를 드리고 싶은 분들이 계신데, 무익한 종이 나를 부인하고 날마다 나의 십자가를 지고 주의 길을 따라 가는 길에는 진정한 길동무가 필요했습니다. 먼저 저와 동행했던 목사님들의 고귀한 섬김과 제가 성경 말씀을 암송하여 말씀으로 말씀을 풀어가는 설교에 늘 은혜와 감동으로 함께 하시던 "국 금례 전도사님" 그리고 제가 여의도순복음교회에서 두 번의 초빙을 받아 "영성 회복과 하나님은 살아계신다"는 설교를 한 것이 인연이 되어 "성도의 진정한 섬김과 기도와 간구로 합력해 주신 "최 귀분 권사님과 성 길영 집사님 내외분" 끝으로 뇌종양이 폐까지 전이 되어 한 쪽 폐를 절제하시고 투병생활을 하시는 힘겨운 여건 속에서도 "천로여정"의 출판비용 일부를 헌금해 주신 춘천 중앙교회 "정 윤채 집사님"께 이 책을 통해서나마 쾌유를 빌면서, 앞에서 호명하신 분들과 이 책이 출간되기까지 수고하신 책연 가족 여러분들께 예수 그리스도의 심장으로 축복합니다. 아멘.

2024년, 무익한 종의 기도와 간구가 은혜와 감사로 충만한 날에
해피라이프개발원 원장 조용모(목사)
〈연락처 : 010-3362-2856〉

조용모 목사

- ▶ 한국방송통신대학교(7학기 조기졸업)
- ▶ 총신학술원 목회학박사과정 졸업
- ▶ 타종교 신앙50년, 법호 받고(기독교로 개종)
- ▶ 편도 암4기, 뇌출혈, 폐렴 등으로 '의사가 3번의 사형선고' "오직 말씀으로 극복"<하나님은 살아계신다>
- ▶ 명강사(삼성, 현대, 엘지 등 6천여 기업체 출강)
- ▶ 보험 왕(지체장애 3급인의 쾌거)
- ▶ S사 영업소장으로 스카우트 후 영업소 8개분할(업계기록)
- ▶ J사로 전직 지점장, 본부장(맡은 지역마다 1위 등극), 교육부장 역임.
  ※ 영업과 조직관리의 달인 ※
- ▶ KBS TV(이것이 인생이다), SBS TV(인생 대역전), MBC TV(박경림의 길거리 특강), CBS(9880회) 등, 다수매체 출연
- ▶ 대한예수교장로회 '열방을 품은교회 담임목사' 역임.
- ▶ 해피라이프개발원 원장<현>
- ▶ 설교초빙교회 : 여의도 순복음교회, 이천 순복음교회, 맑은샘 광천교회, 인천 한신교회, 영광 흥농제일교회, 사랑 나눔교회 서울 주찬양교회, 익산 계문교회 등, 다수
- ▶ 저서 : 바다로 간 나무꾼(베스트셀러), 백만 번의 프러포즈(베스트셀러), 끝없는 도전, 고난수업, '알토란 성경요약', '말씀으로 돌아본 천국여행 "천로여정" 상·하(1369쪽)' 등

천만 번의 프러포즈

2024년 11월 4일 초판 인쇄
2024년 11월 11일 초판 발행

저　　자 | 조용모
발행인 | 최익영
펴낸곳 | 도서출판 책연
주　소 | 인천광역시 부평구 부영로 196
　　　　Tel (02) 2274-4540　　　Fax (02) 2274-4542
ISBN 979-11-92672-13-7　03230　　정가 10,000원

저자와 협의하에 인지는 생략합니다.
잘못 만들어진 책은 구입하신 서점에서 교환해 드립니다.